U0957809

智元微库
OPEN MIND

成长也是一种美好

CEIBS | 中欧经管图书

智慧零售

杨芳莉 著

打造可持续盈利的商业模式

人民邮电出版社
北京

图书在版编目（CIP）数据

智慧零售 ：打造可持续盈利的商业模式 / 杨芳莉著
. -- 北京 ：人民邮电出版社，2022.4
ISBN 978-7-115-58532-5

Ⅰ. ①智… Ⅱ. ①杨… Ⅲ. ①零售业—网络营销—研究 Ⅳ. ①F713.32②F713.365.2

中国版本图书馆CIP数据核字(2022)第016357号

◆ 著 杨芳莉
责任编辑 张渝涓
责任印制 周昇亮
◆ 人民邮电出版社出版发行 北京市丰台区成寿寺路11号
邮编 100164 电子邮件 315@ptpress.com.cn
网址 https://www.ptpress.com.cn
涿州市京南印刷厂印刷
◆ 开本：700×1000 1/16
印张：13.75 2022年4月第1版
字数：200千字 2022年4月河北第1次印刷

定 价：79.80元

读者服务热线：（010）81055522 印装质量热线：（010）81055316
反盗版热线：（010）81055315

推荐序一

近十多年，我在多家全球500强企业担任高级管理者，负责企业的互联网化、数字战略转型，其中有新经济与科技行业的企业，例如易贝网、英特尔，也有很多传统生产、销售行业的企业，比如海尔集团、顶新集团、麦德龙超市集团等。这些大型集团面对一个共同的挑战：如何更有效地为客户创造独特的价值，提高企业的获利能力。这句话看似普通，却蕴含着我对智慧零售（或新零售）最重要的观点。

我从一线的职场工作中逐渐淡出，退居二线回到大学里教书，花了很多时间与精力来整理、总结过去这些年成功与失败的经验，并得出一个重要的结论：在进行数字化、智能化改革时，不要忘记企业的初心就是**为客户创造独特的价值**。这个独特的价值不一定是去做无人店、做自动销售的机器，或是引进其他先进的技术，最重要的还是发掘客户的潜在需求以及痛点，对**企业的产品与服务进行创新**，让客户更愿意找你。为了配合这些战略的落地，我们可能需要对企业的流程进行革新，使企业的效率更高。而关于这些业务创新、模式改变、技术投资是否可行、是否该做，最重要的评估标准还是企业的获利能力是否提升。因此我主张，智慧零售或新零售的目的，就是**让你的财务绩效（报表）有**

大幅改善。这也是多年来作为多家大型企业高层主管，我在思考团队提出的项目是否可行、是否该投资时最看重的问题。

很高兴本书作者杨女士在这本书里面将我在国内几所顶尖大学商学院MBA/EMBA 课堂中讲述的思维、战略进行了很好的解读。关于智慧零售战略，我总结过去的经验，提出了**“一个中心、三个闭环、两只脚”的战略框架模型**，这个框架模型已经被国内外几所知名商学院纳入智慧零售案例库。其中，一个中心是以会员为中心，就是如何为企业的会员创造最大价值。三个闭环，则包含线上线下闭环、大数据闭环、生态圈闭环，这三个闭环的核心是零售业企业在数字化转型时的关键，是让一个传统零售业企业转型蜕变为一个强大的数字化企业的三个主要发动机。两只脚则是零售业企业对门店与供应链这两个实体运营商主要工作的支持。这本书主要基于这一框架模型展开，带领读者思考如何创造一个更智能、更有竞争力的零售业企业。

近年来，我一直想把我在课堂上的内容整理成书，遗憾的是，我的工作实在太忙，无法完成。很感谢我们团队中的杨女士为我完成了这个心愿，她不仅在本书中对我的思维与战略进行了很好的解读，更融入了许多她在实际工作中的经验，使这本书更加充实饱满。我邀请大家一起进入这个数字化、智能化的世界，探索企业在数字经济时代快速增长的奥秘！

胡兴民

中国自贸区数字经济研究院副院长

竞象创新学院院长

智慧零售

推荐序二

智慧零售的本质——回到用户需求，重新定义企业的价值提议

近年来，互联网的不断发展给各行各业带来了巨大的挑战和机遇，尤其是零售领域，很多企业不断通过互联网技术对商品的生产、流通及销售的过程进行升级、改造。今天有幸读到杨女士的《智慧零售》一书，我非常欣赏书中谈到的智慧零售的升级发展策略及其巨大的商业价值，这本书是企业或个人在面对市场挑战时进行转型的升级手册。

杨女士在书中提出：企业在转型升级时，首先应该从整体的战略思维出发，以用户需求为基础，再结合新的信息技术（IT）、大数据技术（DT）、人工智能（AI）与互联网技术，重构企业与客户之间的人、货、场关系，并进一步梳理经营会员的整体策略与方法，探讨如何通过场景、数据、生态、体验四大赋能体系，重新塑造企业的价值链及竞争力。本书通过翔实的案例阐述如何思考零售转型的每个阶段，如何落地实施每一个策略，最终再回到企业损益表层面评价其价值效益。这不仅是一个长期从事零售业的操盘手的工作笔记，更是一本指引零售业企业转型的战略手册。

随着消费升级与市场发展，用户获取信息的渠道和形式也变得更加多元与及时。在过去经营熊猫传媒和从事教学工作的10多年中，我也深刻地感受到，在新媒体、新技术层出不穷的时代，只有以用户为最根本的出发点，企业才能有新的成长。于是我总结出了熊猫罗盘的十步方法论和落地通行的方法：树概念、定用户、立场景、讲故事、讲体验、做曝光、设IP、引传播、建渠道、做数据，从营销的角度帮助无数企业在激烈竞争中突出重围。很庆幸熊猫罗盘中“根据企业特点找到精准用户，从而不断创造与消费者高度链接的场景，进而在与其沟通的过程中优化每个环节的交互体验，进行裂变式的传播，同时深度经营数据”这一核心方法，与书中的智慧零售思维指向了共同的愿景。数据是未来营销最重要的方向，数字化将重构零售业未来的生态价值链。

阅读本书并结合熊猫传媒最近几年的发展思考后，我感慨万千。在新经济发展的过程中，商业逻辑的创新、消费升级的拉动、场景革命的拉动及新技术推进，推动了新时代用户思维的理念交互。在新时代，企业不仅要学会玩场景、玩体验、玩数据、强化会员的经营，更要学会洞察数据背后消费者进一步的需求，布局和融合更庞大的消费生态体系。因此，无论您今天是一个零售业的经营者还是其他领域的从业者，我都推荐您看一下这本书，在书中您或多或少都可以找到未来生存和发展的启示。

申　晨

熊猫传媒集团董事长

推荐序三

新时代下的“智慧”零售转型升级之路

在忙碌中，2021 年已悄然行至尾声。回首这一年，人们的生活、工作方式都发生了巨大变化，虚拟办公、云逛街、电商直播、云上课，这些似乎很前沿的概念已“飞入寻常百姓家”，成了新常态。与此同时，即时零售、国潮风、付费会员、AI、大数据、全域融合、元宇宙等新概念或新模式，让国内的零售商业环境变得复杂又充满不确定性，无论是传统企业，还是新兴企业，或是投资者，都让零售这个传统的行业在近两年发展得风生水起。而在这些现象的背后，总有数字化的身影。数字经济的大幕已经拉开，数字化可以说是未来商业社会最大的确定性。在新时代下，数字化让我们的消费、产业、生活形态及商业模式都面临重构和升级，也让企业运作更协同、更敏捷，管理决策更智能。

在大变局下如何更创新、更敏捷，从而突出重围、迭代升级，一直是我思考的问题。在数字化浪潮下，在消费者的整个购物旅程中，从发现、比较、购买、支付、履约到售后等环节，商品和服务都实现了物理场景与数字场景的融合，同时加入了更多人与场景的联结与交互。在重构人、货、场的前提下，企业还需要思考如何更好地响应并满足碎片化、即时、多场景的需求。这些其实离不开零售人的初心：更好地满足消费者的需求。以初心为始，借助智慧零售的赋能，让零售业成人达己，更有温度，始终是每位零售人应共勉的，也是我现在坚持笃行的。

作者杨芳莉女士在零售行业深耕多年，理论与实践兼修，格局和视野领先，其总结提炼的会员经营“进、活、黏、值、荐”的双沙漏模型让我深受启发，对如何进行会员全生命周期管理提供了不少真知灼见和可行之策。恰逢《智慧零售》一书付梓，有幸受邀作序，希望此书能助力更多同行，在智慧零售之路上，勇于创新、砥砺前行，走出一条有特色的智慧零售发展之路，也让更多鲜活的本土案例实践给后继者提供参考。

赵陈斌
逸刻新零售创始人兼 CEO

推荐序四

零售数字化转型一直处于进行时

本书叙述了胡兴民博士对中国过去10多年零售业转型的探索和思考。零售商业创新和运营管理是一门来自实践的学问。实践出真知，正因如此，他的真知灼见才显得尤为有价值。

中国的现代连锁零售从兴起到成熟也是最近30年的事情。最近十多年来，电商异军突起，对传统零售业造成很大冲击，而且电商模式的迭代速度让人应接不暇，从自营电商到平台电商，再到社交电商、社区团购和直播电商等，几乎每三到五年就会产生一次大规模的行业升级。

传统零售商为了应对来自电商的挑战，也纷纷在探索数字化转型的道路，从会员运营、数字化营销到全渠道零售，尝试了不少线上线下整合的零售场景，例如线定店取、线购店送、线上导流到线下、店内移动支付、店内线购、店内加会员及社交电商（也被称为“私域流量运营”）。在这些前几年提出的场景中，有些在实践中取得了很好的成效，但有些离期望还有很大的差距。

正是在这样的大背景下，胡博士提出了“一个中心、三个闭环、两只脚”

的智慧零售模型，而这个模型的核心是以会员为中心，这一模型与阿里提出的“新零售”有很多共通之处。阿里在2016—2017年提出了新零售的概念，期望借助阿里以及天猫的巨大流量优势、数据优势、媒体资源优势和技术优势，赋能线下零售业企业。其创建了店员端钉钉、企业号、淘宝云店等数字化平台，以手机淘宝作为顾客端入口，开展会员运营和社交电商的“新零售”模式，开创了独具特色的线下零售数字化时代。然而，在阿里开辟的战场上，以微信作为用户入口的腾讯却取得了引人注目的成绩。腾讯没有使用新零售这个词，而是通过微信，与为零售业企业端提供的企业微信、小程序、企业服务号和用户端的微信相连接，形成用户数字化交互活跃度更高的、线上线下整合的社交电商运营，产生了“私域流量”这样的概念。阿里提出的概念，被腾讯落地，其根本原因是从用户角度看，淘宝是购物平台，微信是社交平台，只有在实践中才能发现什么样的新零售模式更符合用户的体验和购物习惯。

胡博士对于会员运营具有丰富经验和深刻洞察。在本书中，会员运营被认为是智慧零售的出发点。会员运营发源于忠诚度管理体系，过去几年在国内出现了不少以会员为中心建立零售“生态”的会员体系，其特点是建立跨业通用积分联盟，采用“会员忠诚度管理＋会员电商”的运营模式。然而这类平台大多数的会员活跃度以及会员电商的交易量都不尽如人意。国外的通用积分会员制模式不能被简单套用到国内，原因是中国的电商环境已极大提升了消费者在线上的“优惠刺激”阈值，传统线下零售业企业经营会员，必须充分利用线下零售的优势来激活和促动会员。本书从实践角度揭示了成功的奥秘。

我认为零售的核心能力不仅在于用户运营。不同的零售业态里存在不同的客户价值主张，有些是商品新潮，有些是购物体验舒适，有些是品类广度或深度大，有些是购物方便。例如商超的价值主张主要是价格，具有竞争力的价格是抓住用户的第一个“关键时刻”，而价格背后是利用新一代的数字化技术，提升供应效率、优化门店选品、优化定价和促销策略，这体现了零售的智慧化特点。本书也系统化地展示了零售智慧化的实践。

零售行业提出数字化转型后的几年来，业界在持续探索，尽管有些创意并不成功，经过实践检验没有商业化产出，但是尝试、测试、迭代本就是实施数字化的特点，希望本书能给读者的实践带来启发。

陈　果

波士顿咨询 Platinion 董事总经理

推荐序五

年前收到胡兴民博士的请托，为胡博士及其团队成员杨芳莉女士的新书《智慧零售》作序，因年末忙碌，所以我在 2022 年的第一个工作日专门写序。今天我又再一次通篇看了《智慧零售》全文，加上之前认真拜读过一遍，我很有信心可以写得更感同身受，帮助读者更好地学习、领会其中真意。

中国零售业处在剧烈而深刻的变局之中，在这个特别的时刻和特殊的当下，《智慧零售》将要付梓。从 2016 年提出新零售的概念起，整个零售业风起云涌、硝烟四起，亦或大浪淘沙、百舸争流，我们见证亦或参与其中。确切地讲，在最近相当长的一段时间里，关于这五六年新零售对中国零售业的改变和挑战的总结回顾，业界和学术界都颇有共鸣。一方面，新零售携底层的技术应用，如 DT、云服务（Cloud）、IT、新营销技术（Mar-tech）和 AI 及方兴未艾的区块链应用（Blockchain）等新一代科技为新零售赋能；另一方面，能否在新零售加持下打造出可持续发展的商业模式是真正的挑战。有线上不断精进迭代和需求演化的新形态，有线下积极应对跟风的，也有线下不思变化“躺平”的。凡此种种，特别是在资本的思维逻辑和对价上，整个零售业挑战重重。2022 年对我们零售人来说是很不平凡的一年。

《智慧零售》共分四个部分，是一本很有学术价值的书。得益于胡博士及其团队在很多跨企大厂的经历，书中的理论、实践案例都颇具代表性和说服力。如果读者能更好地互动，一定能实现“从实践到理论再到实践”的路径升级。

确实，“转型”是个经营管理方面很前沿的词汇。相信很多企业或多或少都处在转型升级之中。我工作的上海罗森在过去一年多里一直通过外聘头部咨询管理公司进行转型升级，其中有很多的分科项目都是基于大数据和前沿技术应用的。所有的动议前提都被称为罗森+，也就是以罗森便利的基本业态的场景需求逆向整合线上的对接模式和资源配置支持，而不是刻意追求新零售、罔顾实际的场景需求。保持定力就是聚焦顾客需求，在罗森+的模式下引入并对接新零售赋能的各类技术应用。本书中很多思想与观点同罗森的经营理念是一致的。

在各种交流中，我一直强调，对于有些企业，特别是新的企业来说，有三类人需要打交道。一是消费者，即获得目标消费者的高度认可；二是竞争对手，即占有更多的市场份额；三是资本方，即从资本方的思维逻辑评价表现。和这三种人打好交道是新的必须。

最后回到商业零售的本质，就是公认的**商品和服务**。零售的核心概念莫不如此，它也是价值体现。新零售在人类的商业零售史上可能只是沧海一粟，只有基于**商品和服务**的核心价值，新一代科技支持的新零售才能真正聚焦需求，增值重构新的人、货、场，想要更深入地了解相关知识，推荐大家读一读本书。

何韻民

上海罗森便利有限公司副总经理

前言

根据传统意义上的定义，零售是直接将商品或服务销售给个人消费者或最终消费者的商业活动。在过去近 20 年中，我亲身经历了零售业从线下的鼎盛时期到互联网的蓬勃发展，再到现在移动互联网时代线上线下深度融合的演变，其中每一个阶段都充满无限挑战和机遇。比如，早期零售业提供与消费者生活相关的商品或服务，通过营销活动就可以触达消费者，但互联网的发展激发了人们主动选择商品的意愿，供求市场同时也进入了“供大于求”的局面，消费者对企业的期望值在不断提升，交付环节也有了次日达或当日达服务。

2016 年，阿里提出重构人、货、场的新零售概念后，新零售模式在全球范围内以惊人的速度疯狂演化。这不仅是新零售业态对传统零售业态的持续挑战，更是一场行业的变革。

在这样一场变革中，零售的基础已发生本质改变。客户心理偏好的变化、消费理念的升级、消费场景和交易形态的变化，都不断促进零售业进一步转型升级。在过去的 5 年里，我和我的老师胡兴民教授不断研究社会进步带来的行业变迁及人的需求变化，并将零售转型的思维转化为企业实施策略，在几个不同的综合型零售业企业中进行充分发挥并且取得非常显著的成果，我们称这些成果为“智慧零售”。胡教授是非常资深的行业领袖，对零售业发展有 30 多年的实践与研究，作为胡教授团队的一员，我曾多次参与其在复旦大学、南京大学等平台开设的数字新零售的课程，我们在各大商学院的企业家课堂中与来自不同行业的大咖进行多维度的碰撞融合，并且将零售业的研究延伸到汽车、金融、互联网等行业的实践应用。大家一致认为“智慧零售”是为企业打造可持续的盈利模式的最重要的战略。基于此，我和胡教授决定重新编排课程内容，增加与高级管理人员工商管理硕士（EMBA）的同学们在课堂上讨论的案例以及我的亲身经历，最终形成本书。

“智慧零售”的整体战略思维是以用户需求为基础，再结合 IT、DT、AI 与互联网技术重构企业与客户之间的人、货、场关系，并进一步梳理经营会员的整体策略、方法以及通过场景、数据、生态、体验四大赋能体系，重塑企业的价值链及竞争力。本书在此基础上，会通过翔实的案例阐述在零售转型的每个阶段企业应该如何思考，以及如何落地实施每一个策略，最终回归企业损益报表的层面并不断创造并提升其价值效益。

本书用四个部分阐述智慧零售的奥秘及价值创造。第一部分是战略思维，我们将讨论智慧零售战略思维，并结合实践案例述说整个战略思维是怎么发展出来的，它的思想框架是怎么样的。掌握这部分内容，你就能按照这些思路发展自己的战略思考路径。第二部分是智慧零售的核心——会员体系的建设和经营。零售是离消费者生活最近的行业，经营智慧零售时首要的是以消费者需求为中心，除了满足消费者的基本需求，更重要的是在消费升级的情况下进一步探索消费者的隐藏需求，从而引领新消费的发展。所以在这部分，我们将探讨如何建立企业的会员体系及如何进行会员全生命周期的经营。第三部分是新兴技术在智慧零售中的应用，将重点介绍如何运用大数据体系了解用户的心理，从而更精准地为用户提供服务，以及如何更好地运用人工智技术优化企业与用户接触过程中的每一个环节和企业的成本结构。第一至三部分从企业自身转型的角度出发，探讨如何打造行业新星，第四部分探讨如何通过线上线下全渠道的融合，进一步提升消费体验并建立企业联盟、打造商业的生态圈，从而形一个良性发展的生态系统，持续为消费者提供更加便捷和幸福的生活状态，创新企业的价值提议。

这本书是给谁看的呢？我想两种人可能会对这本书很有兴趣。第一种，MBA/EMBA 在读学生，这本书可以作为 MBA/EMBA 关于智慧零售或新零售课程的补充教材。第二种，寻求变革企业的 CEO 们，无论你是市值千亿的大型企业的 CEO 还是中小企业创业家，如果你想变革，我想在本书的案例里你都可以找到一些线索，我认为这是专门为你准备的书。你可以选择一口气读完这本书。不过除非你是天才，否则我不建议你这样做，因为读这本书时需要不断思索，对比你所在企业的现况，并制定相应的发展策略。因此我建议你利用碎片时间，每天阅读一节，比如在每天午饭后或晚上睡前阅读一节，并利用通勤时间思索当天或昨晚阅读的那一节的内容，想想是否有一些观念可以用于你自己的企业。当你通过零碎时间阅读完本书，并且深度学习、思考书中的知识要点后，你就一定会将新的思路或机会应用在你自己的企业并且创造巨大的效应。

读者如何延伸学习？最后我想邀请各位加入"智慧零售学习营"，随着这本书的出版，我们会建立一个论坛或社群。为了方便大家学习与交流，这个社群会被分为两个标签，一个是会员标签，另一个是议题标签。在会员标签方面，我把它区分为城市类别、行业类别以及工作类型。你可以选择与所有人交流或与特定的同城市、同行、同样工作类型的人进行交流。同时我也计划配合我任教的几个大学的MBA/EMBA课程的学生们以及樊登读书"一书一课"的同学们，安排定期的线下见面会。所以欢迎本书读者一起加入这个线上学习群，和你的同行、朋友，一起来做长期的零售转型深度学习。现在，欢迎各位开始智慧零售的学习之旅。

目录

第 1 部分　智慧零售的基本战略思维

第 2 部分　智慧零售的基础：会员体系

第 3 部分 新兴技术在智慧零售中的应用

智慧
零售

第1部分

智慧零售的基本战略思维

随着互联网技术的迅猛发展，电商分流加速、行业竞争加剧、经营成本上升……这些变化给传统零售业带来巨大冲击，传统零售业正在经历前所未有的格局之变。企业应如何应对新消费、新变化，企业应如何快速稳步升级转型、实现企业销售额和利润的快速成长，企业又应如何保持对商业发展理性和对知识的敬畏之心？

第 1 章

智慧零售战略思维及核心理念

智慧零售是近年非常热门的新业态。很多人在谈智慧零售时都会举几个例子，例如盒马鲜生（以下简称盒马）、永辉超市、猩便利、缤果盒子，那么到底什么是智慧零售？ 我们来观察一下以上这些典型的智慧零售业企业是否有共同点。有的，它们的共同点就是都不赚钱！如果用归纳法进行总结，那么智慧零售就是做不赚钱的买卖。如果事实真的是这样，相信就不会有人愿意投资智慧零售了。实际上事实并非如此，智慧零售也当然不是赔钱买卖的代名词。那么智慧零售到底是什么？智慧零售不是所谓的科技的“把戏”，也不是“无人化”的同义词，更不是花钱“赶时髦”。理性的企业家不可能投资一大笔钱，买了很多设备，最后并没有让其给企业带来什么效益。

1.1 智慧零售是企业转型升级的动力

随着市场和行业不断发展，企业面临各种新的挑战，是时候好好思考自身未来转型发展的方向。那么如何转型升级呢？最根本的是重新思考企业与客户之间的关系，重新思考以下问题：企业的客户是谁（who）、企业提供什么给客户（what）、提供商品与服务的过程怎样的（how）。我们将这些问题概括为消费升级与体验升级。

第一，消费升级。消费升级并不是指企业要卖比较贵的商品，而是指要思考自己的客户“到底需要什么”。想回答这个问题，需要从基本问题着手并深挖。基本问题包括，企业目前处于什么行业、向消费者提供了什么产品或服务等。这些问题比较直观，大家都能回答，例如我在餐饮业、我是卖百货类产品的。而深挖则是指通过数据回答以下问题：目前的目标客户真的选对了吗；如果选对了，怎么描述他们；他们是否有一些需求没有被满足、被挖掘。消费者的一些需求可能连消费者自己都尚未发现。比如，以前没有共享单车，那些卖自行车的厂家关注的焦点一定是自行车的外形、舒适性、是否省力等构造方面的技术问题。有共享单车后，大家才发现现在消费者需要的原来不是“自行车”，而是“方便、短距离的位置转换”。

第二，体验升级。确定企业的目标客户与提供的商品、服务后，需要重新梳理提供这些商品与服务的过程，也就是企业与客户之间的交互、交易、交付、分享的过程。简单地说，就是梳理客户全流程体验，重新思考人、货、场的关系，重塑消费场景。例如，2017 年盒马发现了一个过去没人发现的场景，叫作“30 分钟送到家”。盒马的商品包含方便面、饼干、矿泉水、饮料、洗发水、湿纸巾等标准盒装产品，也包含即食的寿司、盒饭、各种沙拉、鸡胸肉等，更有牛排、鱼、龙虾、螃蟹等添加调料后待烹煮的套餐。过去网购方便面隔天送达，即食食品需要从外卖 App 订购，但是不能定制，而半成品食品则根本没人想到需要配送，现在消费者可以在半小时内把这些东西都拿到手。以前，我们外出旅行、露营，临时想买点牛肉来现场烧烤几乎是不可能的，必须提前一天做准备，现在有了盒马，当天下单就可以达成这一目标。这就是消费场景的增加、场景服务的升级。

1.2　智慧零售是增加企业利润的工具

智慧零售的应用领域非常广泛，涉及客户、商品、服务、体验的升级等，其中最重要的还是解决企业目前的盈利问题。想衡量企业的绩效，最直接的方法就是通过财务损益表。企业的营收如何提高、成本如何降低，即企业的利润如何增加。那么，通过哪些方法可以增加来客数、提高客单价、降低商品成本、降低运营费用，最后增加企业的利润呢？在本书中我们建议从财务报表的角度倒推企业经营过程中的详细数据。虽然这种做法从表面上看关注的并不是直接的企业创新方法，而是业务经营过程及用户的动向，并结合市场有的放矢地制定智慧零售的战略，但这才是企业变革方向的指导与价值评判标准。智慧零售一定要能持续为企业增加利润。

1.3　智慧零售是被现代科技赋能的利器

企业想要实现消费升级和体验升级，应用现代科技必不可少。这主要体现在以下四个方面。第一，使用新的信息技术，让企业的服务流程更顺畅，自动化设备更先进、便捷。第二，使用大数据技术，让企业更了解客户、了解市场，提供更好的产品与服务。第三，利用人工智能，影像辨识、无人货架等技术使场景消费更简便，语音识别、语义分析、语音合成让我们能降低成本进而提供更好的无人服务。第四，利用互联网技术，将消费场景虚实融合，通过这些技术与外界共享资源，让企业能建立更完善的生态圈，并在生态圈内提供更完整的服务（见图 1-1）。

综上，我们将智慧零售定义为，重新思考企业如何从生态圈的视角满足客户、深挖潜在需求、重新梳理业务流程，通过新的信息技术、大数据技术、人工智能与互联网技术，重构企业与客户之间的人、货、场关系。

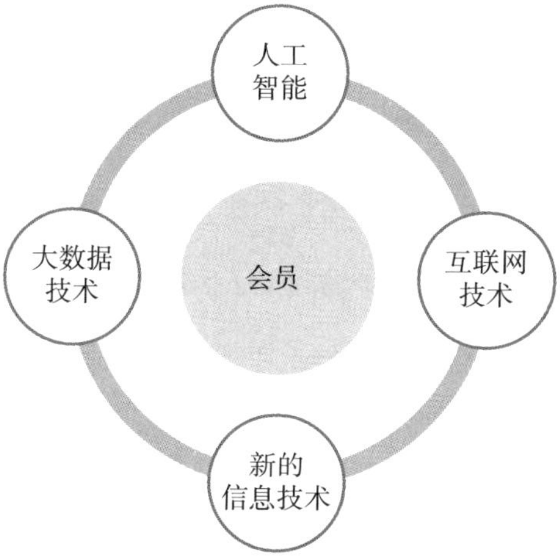

图 1-1　现代科技对智慧零售的赋能

1.4　智慧零售战略发展思路：某大型商超企业的案例

在上文中，我们介绍了智慧零售的基本概念，指出了对智慧零售的理解误区，明确了智慧零售的定义。同时，我们也提出，智慧零售是企业转型的一种战略，是重新思考企业与客户之间关系的一种思维方法。我们通过这样的思维方法，再利用新的信息技术、大数据技术、人工智能以及互联网科技赋能企业。本节将用案例说明一个大型商超企业的智慧零售战略框架是通过哪些思考得出的。广义的商超包含购物中心、超市、便利店、夫妻店等不同规模的零售业态，案例中的这家企业包含了购物中心、超市、便利店这三种业态。这个案例对与其同行业的企业家来说很有参考意义。

我们先来看看这家企业面临的挑战，以及它们是如何解决的。我相信这也是零售行业共同面临的挑战。

第一，互联网分流。这里的分流是指实体商业被互联网分流。互联网不断发展，在国内的各个行业中，服饰行业可能是分流最严重且受到互联网冲击最大的行业。现在 60%~70% 的服饰都通过互联网销售而不通过实体门店，大型商超或购物中心的服饰店越来越少。商家生意不好，购物中心相关的租赁自然也就越来越少。随着各网站的发展，企业的超市和便利店也或多或少地受到挑战。

第二，同业竞争加剧。大型购物中心在同一城市往往聚集在一起。上海市徐家汇商圈就有太平洋百货等六家购物中心，它们之间的最远距离也都在 200 米内。超市或便利店行业的聚集情况更为严重。便利店行业在我国的竞争目前其实只是开始。实际上，日本便利店行业的竞争称得上惨烈。一个十字路口就可能有四家便利店，然后隔几百米又有一家，同行高度集中，并且基本上你能做的别人也能做，竞争激烈程度可想而知。这也是整个商超行业共同面临的问题。

第三，成本大幅上升。近 10 年来，由于经济高速发展，有两项经营成本的上升严重打击了零售业企业。一是门店租金成本上升，这一点对零售业的影响尤其严重。二是人工成本的上升。这两项成本成为零售行业最大的费用，而对商超企业来说，无论是购物中心、超市还是便利店，它们的利润结构与 10 年前相比并没有显著提升，现在销售额减少、毛利率不变、成本增加，企业的生存只会更加艰难。

为了应对这些挑战，该企业的团队经过深度讨论，制定了以下四个发展智慧升级的策略目标。

第一，留住老客户。提高老客户的忠诚度是客户关系管理（CRM）的核心概念之一。一个老客户的价值是一个新客户价值的五倍。企业一定要留住既有客户。留住老客户对于大型购物中心来说是非常严峻的挑战，因为其目前根本不知道客户是谁、住在哪里、以前在卖场买过哪些东西。那么，客户为什么要放弃物美价廉的网购选择线下购物？如果客户在网上可以买到一条 15 元的牛仔裤，那么他为什么要到店里花 800 元买一条牛仔裤？超市与便利店行业虽然有刚需、高频的消费属性，留住老客户相对容易，不过仍然受到天猫超市、盒马等新业态的挑战。

第二，扩大需求。这个策略具有更大的挑战性。传统零售业通常具有地缘性，在特定场地销售特定商品。扩大需求这一策略体现为客户消费频次的提升和其平均消费额度的增加。商超到底应该怎么扩大需求？一种方法是增加消费场景。例如，过去没有外卖时，对餐厅而言，店内桌子的数量与翻台率决定了销售额。外卖的出现增加了消费场景，外卖业务是许多餐饮业商家提升销量的机会。另一种方法是提供不同的产品或服务。例如，许多便利店只销售标准盒装商品，而有少数便利店则贩卖盒饭和咖啡，这时提供不同的产品就会产生新的销售机会。

第三，增加新客。即使有很好的计划，真的提高了老客户的来店频次，进而带来消费额度的提高，这种方法带来的增长也是有限的，一个人能用于购物的支出有限，我们想要进一步扩大需求，增加销售业绩，就一定要有更多新的客户。上过传统零售业经营课程的人都会说，零售业的关键有三个，一是选址，二也是选址，三还是选址。实体店固定在某个地点，企业怎么样基于此增加新客？案例中的某商超企业在购物中心、超市、便利店三个层面都需要解决这个问题。

第四，降低成本。房租成本与人力成本的上升已是不可变的环境条件。这时，企业要想办法降低其他成本，例如，运营管理的成本、员工培养的成本等。

根据以上策略目标，该企业建立了“一个核心、三个闭环、两只脚”的智慧零售模型（见图 1-2）。

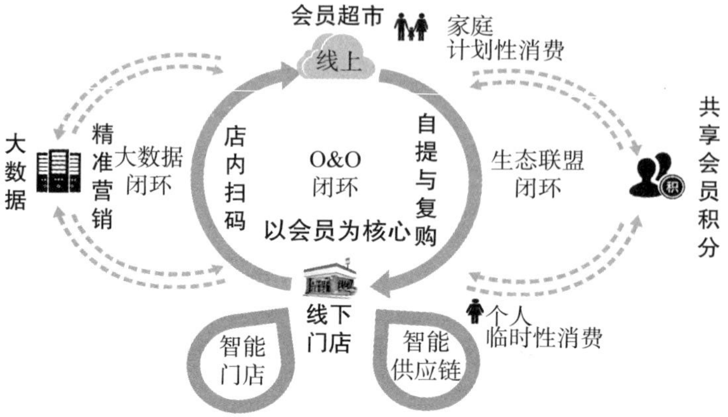

图 1-2　案例企业“一个核心、三个闭环、两只脚”的智慧零售模型

一个核心——以会员为核心。整个策略的第一项任务就是把客户变成会员，主要目的是加强客户的认同感，同时积极经营客户数据。为了吸引客户加入，企业制定了会员与积分制度，并且建立了标准的会员管理流程。

O&O（线上和线下）闭环——扩大消费场景。确定核心后，企业需要思考如何以客户为中心，并重新思考客户与企业的关系，以及客户在不同场景中的需求。

第一类场景是购物中心。消费者到购物中心通常不是为了购物，更多地是为了与亲友见面并交流感情，所以如何提高消费者的体验才是最重要的。很多购物中心像“迷宫”一样复杂，企业首先要想办法解决消费者“迷路”的问题。其次，企业要创造一些促进消费的情境。购物中心的商品价格更高，这是许多消费者对购物中心的印象。实际上，在周年庆和特卖品活动时，购物中心的商品价格往往会低于平均价格。另外，各个品牌的新品都会首先在购物中心展示，这也是吸引消费者的重要原因。

第二类场景是超市。这里的超市包含购物中心中的超市和独立超市。线下超市的经营状况目前受到很大冲击，但是线下超市在销售生鲜、鲜食等商品方面却有独特优势。无论消费者是在店内购买还是在网上下单，只要配送速度足够快，线下超市就是有竞争力的。

第三类场景是便利店。消费者在便利店有两类常见场景：一是早上在进写字楼电梯前到便利店里买早餐，二是工作到较晚时在楼下便利店买一些关东煮之类的食物。这两类场景都是个人临时性消费且客单价低。便利店只有突破这个限制才能扩大消费场景，把“个人 + 临时”提升为“家庭 + 计划”。然而，由于其经营条件和利润要求，便利店无法直接在店内进行商品扩张以满足家庭计划性消费。把场景扩大为线上超市，让自己的商品结构更丰富、价格更优惠、配送更快，对便利店来说是最有价值的场景扩展。

企业分析三种场景后决定构建两个平台，即购物中心的 App 平台和便利店 App 平台，这两个平台后端都连接共享积分系统和电商交易系统，兼具会员交互、发布信息、线上交易等功能。

大数据闭环——实现精准营销。接下来，该商超企业开始建立数据仓，把在线下、线上发生的大量交易数据实时传送到后端的数据仓库，并进一步进行分类和储存，按不同维度建立客户数据标签。

数据标签实践应用案例

通过记录发现，张先生上个月来店消费了四次，平均一周来店消费一次。如果系统发现张先生一周没有来店消费，这时企业会采取什么措施？会马上通知他吗？不一定，因为通过记录发现，有一些消费者的来店时间是稳定且有规律的，有一些消费者就是会偶然性地间歇停止消费，偶然性地间歇停止消费并不代表会员的流失。进一步深入进行会员分析时我们会发现，张先生当下在另外一个城市的门店有消费，这说明他出差了。张先生是常出差的人，他很可能有 1~2 周不在当地，无法在之前的门店消费。这个时候如果企业通知他“我为你提供某优惠”，实际上是一种骚扰，用于通知的支出对企业来说也是不必要的。

如果张先生不经常出差，本身是一个消费情况比较规律的消费者，那么当他一段时间没有来消费，系统就会判定其有流失的可能性。企业应当通过短信、App 或其他方式发一个信息：“张先生您好，有一周没见到您了！为感谢您的持续关注，今天到本超市购买盒饭，您可以得到七五折优惠。”这时张先生不需要领取任何折价券，不论他到哪个店面，只要有 App，买盒饭时就可以获得七五折优惠。

张先生付钱时，店员可能会说：“张先生今天要不要再带一杯咖啡？”为什么店员会这样说？这并不是因为店员有超强的记忆力，可以记住每个消费者的喜好，而是因为店员收银机的后台界面显示“张先生是咖啡达人”。这种推荐也是经过精密计算得出的，一般只有推荐成功率在65%以上，系统才会提示店员进行推荐。对会员数据进行收集、储存、标签建立、观察、反应、反馈的整个循环，被称为大数据的闭环。

生态圈联盟闭环——共享会员积分。上两个闭环都是对企业内部的优化，可是企业想发展还要增加新客户，怎么办？该企业的策略是建立共享会员积分平台，结合企业内外多种业态打造一个会员生态圈。由于企业内的连锁便利店分布较广，因此该企业以便利店为基础规划生态圈，另外把购物中心内的超市、餐饮等行业的商户都一并纳入其中。购物中心内的部分餐饮商也属于连锁餐饮企业，可以由购物中心内的餐饮业者牵线，把同城范围的连锁餐饮企业一并纳入生态圈。这些连锁餐饮企业大概都有近百万的会员，数十家连锁餐饮品牌加入，就构成了千万数量级的新会员平台。这时一个共享会员积分平台，就可以把大家的会员资源聚合在一起进行共享。通过资源共享平台，餐饮业的客户可以成为便利店的客户，便利店的客户又可以成为其他行业的客户。同时，这些客户也可以链接到企业外部汽车、医药等行业，让各个行业都加入其中，以此充分满足消费者在生活中对各种场景的消费需求。这个共享会员积分平台构成了一个以消费者为中心的生活生态圈，我们称之为生态联盟闭环。

该企业在打造一个中心、三个闭环后，智慧零售模型对业务的提升已有一定成效。接下来我们开始从降低成本着手，启动“两只脚”——智能门店和智能供应链。

一是智能门店。首先，通过应用智能科技进行人流管理。人流量是购物中心向商家收费的主要依据。过去，购物中心只能凭“感觉”与商家讨论人流状况，而现在，购物中心可以通过AI和蓝牙技术记录不同时段的人流量和消费者在购物中心的动态路径，分析楼层转化率、入店转化率和购物转化率，还可以考虑门店交叉关联度，采用商品购物篮模型找出哪几家店会吸引相同的客人。这些信息对商场管理部门规划不同业态的店铺的位置和价格谈判都起到了重要作用。

其次，通过应用终端智能科技精准对接客户。当消费者进入店铺，店员手中应该有一个手机终端的App同消费者交互，及时查询该消费者的会员信息与购买记录，进行精准推荐。如果消费者还不是会员，则可引导消费者成为会员。随着数据的积累，商场可以根据不同群体的消费情况定向进行精准的信息沟通。

最后，调整商品的库存并进行动态化的管理。门店寻求专家为几个主要业态进行销售预测，企业提供门店的销售预测并和后台订货系统结合，让店长能更轻松地对进销库存进行管理。智能化的订货体系不仅能更大限度地为顾客提供最及时、新鲜的商品，同时也能为企业减少相应的损耗。

二是智能供应链。超市与便利店为企业直接拥有，共有数千家门店，良好的供应链也是他们的重要竞争优势。关于仓内自动化，他们参考亚马逊（Amazon）的做法，企业联合智能设备服务商，投入智能仓库建设，把原来需要人工抓货、分单的传统仓库改造为自动抓货、货找人的移动货架。仓储的智能优化不仅提升了仓库内的运转效率，也降低了人力成本及人工操作产生的误差率。针对智能配送，企业根据过往的数据用智能算法推算出科学的送货时间与路径，提高满载率。这个改变可直接帮企业达成降低成本的目标。假设每年配送成本是 1 亿元，配送成本减少 10% 就是省下 1000 万元，这是很值得投入的。

前面我们讨论了该商超企业的智慧零售框架，这是一个庞大的计划，不是一蹴而就的。下面我们来进一步介绍该商超企业如何分阶段完成对智慧零售的布局（见图 1-3）。

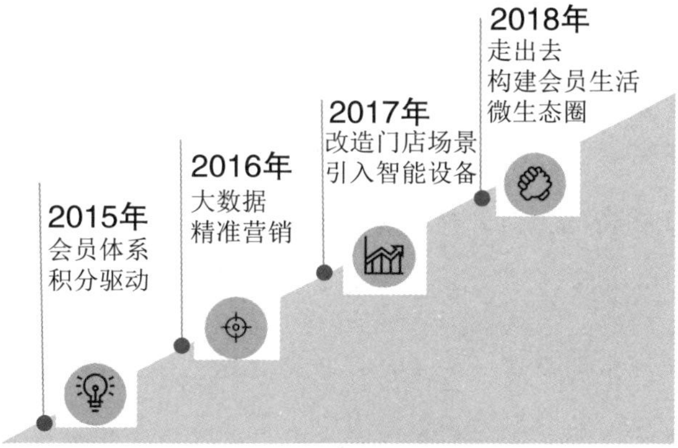

图 1-3　案例企业智慧零售的迭代发展

第一阶段：会员体系与积分驱动。会员体系关注如何积累和管理客户数据。你真的了解你的客户吗？你的客户姓什么，住在哪里，买过什么东西，在什么时候买的，多久没有来消费了，什么时候会再来，你知道这些问题的答案吗？如果他没有来，你会采取什么措施？显然，企业想了解客户，就必须掌握相关的数据，没有客户数据，其他都是空谈。有了企业会员体系，企业就会有专门的团队关注这些问题。

会员就是有数据的客户。如果一个客户消费完但企业没有留下他的数据，那么这个客户就只是一个过客。建立会员体系要考虑哪些事情？第一，建立会员体系并不是一开始就从技术角度设计积分或激活客户，而是清楚客户是谁，他们的需求是什么，清楚定义自己的客户后，企业就要从基本需求、隐藏需求和全流程体验的角度思考需求。

会员需求的两个层次

什么是基本需求？你开了这家店，最初（或是过去一段时间内）消费者在你店里购买了什么商品，同时你在与消费者接触的过程中是如何完成交易的？这是基本需求。从基本需求的角度来看，很多企业都做得很不错。然而这些交易过程中，可能经常会出现一些不足，我们把这些不足称为隐藏需求。隐藏需求通常是企业暂时还没发现，甚至连客户自己都没有发现的需求。

例如，你去一家修车厂，那么把车修好应该只是你的基本需求。维修过程中，消费者可能很担心维修的质量或价格是否合理，这是消费者的隐藏需求。商家应该思考怎么让消费者更放心、安心。又如，在修车过程中，消费者在修车厂可能要等待3小时，是否有人关心这期间消费者喝什么、吃什么，这就是隐藏需求。这种隐藏需求可能就是企业“推动消费”的线索。

清楚了以上内容，企业就要重新设计整个体验流程，思考自己与客户互动的全过程是什么样的，中间还缺失哪些环节，怎样才会让客户觉得更方便、更愿意与企业打交道。

获取会员数据并梳理清楚需求后，接下来要做的就是经营会员生命周期。它有一个固定模型，包含我们提出的“进、活、粘、值、荐”五个步骤。过去我们常说，零售点的地理位置最重要，因为好的门店位置会产生自然客流。在网络时代，企业有很多获取客户的方法，通过后文提到的双沙漏模型形成有机循环，就可以大幅降低客户的开发成本。

积分驱动是指消费者在购买商品或参与商家活动时，企业会为其积累相应比例的积分。如何让消费者到企业设想的场景消费？最重要的一点就是消费者要认可企业的积分价值。一些企业为了让会员使用积分而建立了积分商城，以此方便会员用积分兑换商品。首先，企业如果想以诚意打动消费者，最好的做法就是承诺“积分当钱用”，并且不断扩大积分的使用场景。同时，还要让会员清楚地知道当前持有的企业积分的价值，知道可以到什么样的场景中消费积分。其次，企业还要考虑如何让积分变得比钱更好用，更有购买力。企业可以创造一些场景丰富积分的玩法，并且开展一些拥有积分才能参与的活动。

第二阶段：大数据精准营销。有了消费者的交易数据，企业开始考虑如何设计会员标签，用这些数据创造更大的价值。我们先分享一个很重要的概念——会员标签。所谓会员标签，就是从多个维度来观察一个会员。这家企业把会员标签分成六个维度（见图 1-4）。

第一个维度是身份象征。不同身份的消费者的购买需求会有一些差异，他们的身份象征就是一个重要的划分指标，通常身份象征由性别、住址、工作单位、职业等构成，比如是学生还是白领，是单位骨干、银发一族还是年轻的家庭主妇。对客户进行多种身份区分非常重要，拥有不同身份的消费者会购买不同的商品。比如，学生要购买的可能是碳酸饮料，而银发一族要购买的可能是一些茶饮料。

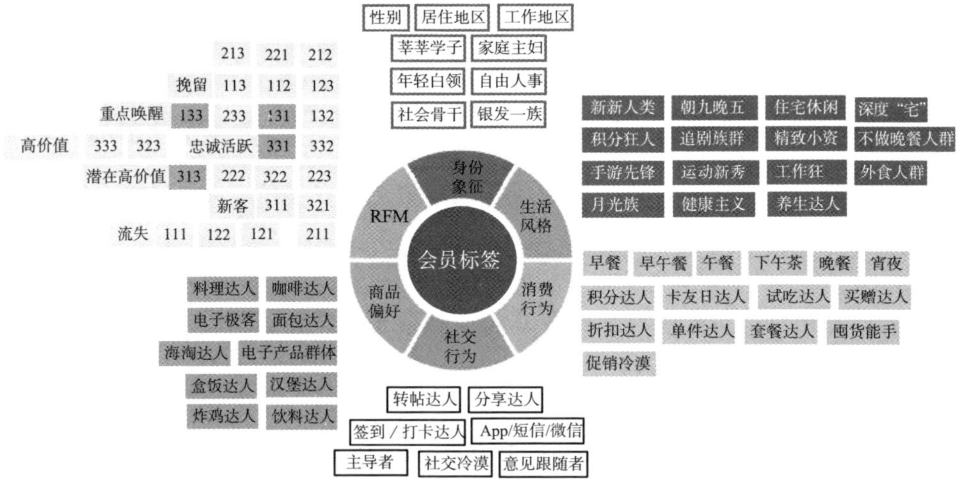

图 1-4　案例企业的会员标签

第二个维度是生活风格。同样是白领一族，有些人可能会朝九晚五地通勤，有些人可能会居家办公。例如，针对女性会员，有些人是不做晚餐的，有些人则以烹饪为乐，对这两种人要推荐不同的商品。不仅如此，生活风格也标示了会员的价值观和消费倾向。一些人可能全身心投入工作，对消费比较缺乏兴趣；一些人可能更喜欢购物，针对这些人，月初就是消费的引爆点，月末则不必打扰他们。

第三个维度是消费行为。也就是消费者通常在哪些不同的场景出现，例如一般什么时候到店内，他们是来买早餐、中餐、下午茶、晚餐还是夜宵。另外，还需要考虑客户对积分的敏感度，比如有些人可能发现有 10% 的折扣就很愿意来消费，另一些人可能要有 30% 的折扣才愿意来。

第四个维度是社交行为。我们要了解消费者在朋友圈的行为，判断他是倾听者还是主导者。如果有一些特定的人群，我们可以针对人群中的主导者做一些活动，让他们更乐于参加，这样裂变效果更好。

第五个维度是商品偏好。通过交易数据直接将商品编号与会员编号相匹配，可以最直观地了解消费者。例如，一个消费者是特别喜欢喝咖啡，还是喜欢吃盒饭，或者喜欢吃关东煮、吃汉堡等。了解消费习惯对于企业调整商品结构、设计促销都很重要，更能帮助企业进行精准推荐。

第六个维度是 RFM。*R*（recency）代表消费者最近一次的消费时间；*F*（frequency）代表消费者在上一个消费周期的消费次数；*M*（monetary）代表消费者的平均客单价。我们一般用 1~3 或 1~5 的数值分级来区分客户。如果客户的标签是 333，就代表他是一个很重要的客户。第一个 3 表示他不久前来消费过，第二个 3 表示他过去的消费频次很高，第三个 3 表示他过去消费的平均消费额度也很高。133 通常代表流失的重要客户，这时企业应该对其采取挽回行动了。实际在 RFM 维度下的客户标签可以参考表 1-1。

表 1-1　RFM 维度下的客户标签

	R	*F*	*M*
新客户	1	1	1
	1	2	1
	1	1	2
流失的重要客户	1	2	2
	1	2	3
	1	3	2
	2	1	1
	2	2	1
	2	1	2
一般客户	2	2	2
	2	2	3
	2	3	2
	3	1	1
	3	2	1
	3	1	2
优质客户	3	2	2
	3	2	3
	3	3	2

精准营销，也被称为标靶营销，是指在用数据和算法进行精准定位的基础上，恰如其分地接触客户进而满足其当前需求，不浪费营销资源，快速实现销售转化，给企业带来可量化的收益和增长（见图 1-5）。

我们先看图 1-5a，图中 A 区代表无促销活动时发出的积分，B 区代表做促销活动后额外发出的积分，条状阴影代表各周销量。可以看出，促销活动完全没效果，因为销量根本没有上涨。

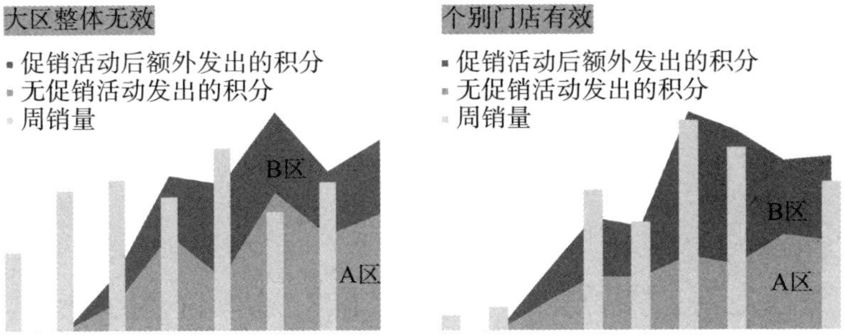

a）　　　　b）

图 1-5　非精准营销与精准营销的对比

我们再看图 1-5b，图中 B 区变大，销量也随之上涨，可以看出这个活动是有效的。这两个活动的内容完全一样，但结果却不一样。图 1-5a 所显示的促销活动是一次性发出几千万条短信，短信成本接近 150 万元。数据量很大，但有大量无效数据，所以促销活动效果看起来并不明显。图 1-5b 所显示的促销活动虽然只发出几十万条短信，但收件人是企业用数据分析挑选出来的，这就是精准营销。通过这些活动，我们发现很多促销活动其实不必触达太多客户，只追求触达的客户数量的结果通常是投资了一大笔钱、效果却不显著，还会导致许多用户退订，可谓得不偿失。

第三阶段：改造门店场景与引入智能设备。一是改造门店场景。有了数据基础，企业可以再回到内部的优化上来，考虑怎样重新塑造场景，考虑谁是企业的消费者，如何吸引他们消费。经过分析，除了那些快速进店购买的闪购人群，很多消费者都希望能在非消费高峰时间在温馨的环境里喝下午茶或吃夜宵。因此，企业决定改变店内的装潢颜色，让店内氛围更清新；在餐饮区域添置温柔灯光，并更换其他材质的桌椅，改变触感，相当于在店内设置一个小型、温馨的餐厅。

二是引入智能设备。该案例企业并不主张设立无人店，因为门店具有服务性的业态。不过企业也考虑了消费者的排队痛点，如果客人能在前一天事先下单，店员就可以事先准备好这些套餐，并将之放在店内自助取货区域，客人只要扫二维码便可以取走商品。这样就解决了消费者的排队痛点。为了进一步服务更多不愿下楼、出小区后走几十米来取餐的消费者，企业进一步把自动贩卖机投放到不同的小区与写字楼，由邻近门店负责这些自动贩卖机的补货，所有销售记录都会立即回传到店内，扣除相应店内库存。这有效延伸了门店的覆盖区域，企业销售业绩自然大幅增长。

第四阶段：走出去，构建会员生活微生态圈。当会员制度与数据体系都比较完善后，会员的内部体验也会获得改善，老会员的消费频次会逐渐提升。为了进一步发展新会员，企业开始规划一种半径为 500 米的会员生活微生态圈，它由在该半径范围内的门店构成。这个微生态圈能充分满足消费者的衣食住行和娱乐等需求。消费者在这个微生态圈内可以找到喜欢吃的美食，可以去买衣服，可以去 KTV 唱歌，也可以去美甲、理发……在这个微生态圈中的门店消费时，会员可以得到通用的积分，这样就形成了一个会员积分生活的生态联盟。

通过一系列智慧零售改造，该商超企业与同行业、同规模的实体店铺相比，业绩持续增长。

第2章
“革心”是实现智慧零售价值的首要工作

大多数人在谈及智慧零售时会联想到科技，例如影像辨识、声音辨识。一些人以为智慧零售就是电子商务的另外一种说法。其实智慧零售不仅涉及一些新技术，更是企业转型的发动机。企业要推行智慧零售，必须要先“革心”。智慧零售绝对不是安装几个设备就能完成的，企业必须重新审视环境变迁对企业的影响，更应该思考如何调整自己从而更适应环境。

2.1 消费者行为在变——结合线上与线下的混合型购物历程

为了加深大家的印象，我来分享一个自己购买笔记本电脑的经历。

2年前，我的笔记本电脑坏了，我打算换一台笔记本电脑。因为笔记本电脑比较贵重，所以当时我觉得还是到线下门店去看看比较放心。可是我又担心门店里的产品价格虚高，所以我先在网上浏览了一下哪些笔记本电脑销量比较好。经过一番信息搜集，我发现有几款笔记本电脑比较受欢迎，价格也在我的预算范围内，于是就把产品型号、价格记录下来，然后到附近的商场现场了解。进入商场后，很多售货员涌上来问我要买什么。后来，我发现有一家店的售货员没有冲上来，只是在旁边默默地看着我。我觉得这个店员看起来比较踏实，就走向他们的店里。

店员问道：“您想要买什么呢？”我看了看他，什么话也没说，就直接从口袋里拿出事先做好的笔记，问这位售货员有没有这些电脑型号。这个售货员看了看我写的型号，然后笑了笑说：“女士，您这几款都是非常好的笔记本电脑，性价比也非常高，可是我们这里目前已经不卖这些老款电脑了。我是否可以推荐几款性价比更好的新款给您？”这个时候，售货员指着旁边的一台电脑告诉我：“您看看这一台电脑的外观，它的体积和您提供的这几款电脑基本一样。不同的是，它的中央处理器升级了，内存和硬盘的容量更大，也就是说，它是您之前看的那几款的升级版。”

我想了想说：“可以参考，这款电脑的售价是多少？”店员说的售价和我的预算差不多，可是基于一个消费者想要买到更有性价比的产品的心理，我说：“不错，但是我想再看一看！”这时那名店员机警地说：“女士，这么好的产品、这么好的价格，您为什么还要看一看呢，您是不是有什么地方还有疑问？您是担心我们售价偏高吗？”我笑一笑，售货员接着说：“这样吧女士，您过来这边，我让您看一个东西。”说完他就把我带到他的另一台电脑前，直接打开一个网店，然后输入他向我推荐的这个型号。网上的售价与他向我讲的售价一模一样。我心里想着，看起来这个店员很实诚，他并没有抬高价格。不过这台电脑到底好不好，才是我最关心的问题，所以我又说：“我再问一下朋友。”这时，那位店员把网页的页面向下拉，出现了许多关于这个商品的评论，基本都很正面，我就更放心了。

当然，作为一个消费者，我永远记得性价比的原则。所以这时我又问他，能不能再便宜一点儿？这个店员很有意思，他回答说：“女士，我们的售价和网上一样，如果您觉得在网上还可以和卖家谈价钱，我建议您可以试试看。”我心里明白，他这话当然是在委婉拒绝我降价的要求，网上议价也当然是不可能的。他接着说：“这样吧，我可以给您一些赠品。”我很高兴，觉得价格合适，还有机会得到别的商品，我问他说：“你可以送我什么东西？”他说，可以帮我免费安装系统，如果以后我碰到任何的相关问题，随时可以来找他，他们提供系统的终身维护服务。这时我觉得大概可以了，但我又问他，还有没有什么更实际一点的东西。他接着说：“我再送您鼠标、鼠标垫。”我觉得还是不够，又假装犹豫想走，不过这时我看到他们墙上挂了个不错的双肩包，那个店员注意到了我的视线，说道：“我这边正好有一个双肩包，我看您的背包也比较旧了。这样吧，这个双肩包原来卖350元，现在我只卖您150元，您可以把笔记本电脑和这个背包一起带走。”我看了看觉得可以了，就当场付款购买了。

这个店员用了什么样的技巧，他是如何击败他的对手网店的？其实他利用了网店的特点，再结合自己的线下门店优势击败了网店。网店有什么特点？网店的价格一般比较低，网店上还有大量的商品评论。他用网店的价格以及商品评论来告诉我，他的价格是合理的，而且这款电脑是大家所喜爱的，以此消除我对这款电脑的基本疑虑。那么线下门店还有哪些优势呢？当然是现场议价。线下门店的现场议价、送赠品的特点，让我觉得其很灵活、有诚意。

所以，这个店员使用了虚实融合的技巧，借用网上的资源，加上线下实体门店的优势，打败了线上的网店，这就是一个虚实融合的好例子。

我们再来看一下，这样的购物行为是否算很特殊。这种购物行为属于线上购物，还是线下购物？其实现在大多数消费者的购物都是结合线上与线下的混合型交易。根据麦肯锡咨询公司的研究，消费者购买一个产品会经过五个过程：产生兴趣、搜集信息、比对方案、购买行为、分享体验（见图 2-1）。

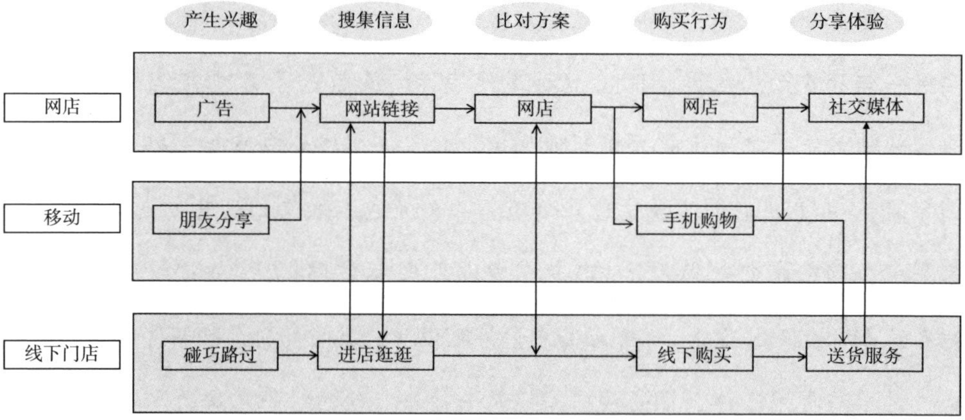

图 2-1　混合型购物的五个过程

我们将购买场景分为网店、移动和线下门店三类。在传统的线下门店的模式中，我们的购买场景可能是碰巧走到门店看到某个商品，觉得还不错就付钱然后自行带回家或是由门店送货。网络购物出现后，消费者看到广告，有兴趣就会点击链接，浏览商品。消费者也可以在不同平台对比价格，如果价格适中，就会在网店中购买。有了从线上到线下（Online to Offline，O2O）之后，消费者在网上看完自己想要购买的商品，可能会直接到线下门店现场感受一下，也可能先在门店中看到某个商品后再上网查找。过去消费者会直接在评论里表达网上购物的体验是好是坏，然而随着大多数互联平台中商家对评论的插手越来越严重，消费者对网上的评论渐渐存疑。随着社交媒体的发展，一些消费者在购买商品后会想立刻在社交媒体上分享感受，这种信息的可信度更高。企业必须关注这种分享行为，研究并善加利用，让消费者变成正向传播企业品牌的重要主体。

2.2 用五个创新应对市场消费的六个主要变迁

线下零售行业面临的共同问题是客人越来越少。经过观察，我发现社会环境的改变导致了来客数量的变化，这些环境变化主要表现在以下六个方面。

第一，消费者的生活态度和方式。消费者对消费时间的要求以及对场景的要求与过去不同了。过去许多卖场的黄金营业时间是在晚上六到九点或节假日。现代人生活更忙碌，有时结束工作后会发现有的购物中心早就打烊了。尤其是在一线城市，职场人士很难有时间在白天购物。如果企业不能调整时间、不能利用网络为消费者提供便利，请问消费者怎么会来?

第二，消费者的品牌认知。过去，很多企业喜欢自称是驰名品牌……这种定位简单、直接。并且在过去，产品质量参差不齐，这些“名牌”就代表了“可信任”，所以说自己是“名牌”是很有效的宣传方式。可是这些品牌的功能或款式往往都不够紧跟时代发展，如今的消费者很难认同几十年前的一些品牌。很多年轻消费者更喜欢“今天的品牌”。

第三，消费者的信息来源。在过去，大多数消费者靠口耳相传或通过电视、广播等媒体接收信息。现在，消费者主要通过主动进行信息搜索与各种社交媒体获得信息。很多消费者在碰到问题时，会进行网页检索或在各种社交媒体上发出“求救信号”。这时有很多人就会提供信息，此时的消费者获得的信息更准确、更快速。如果企业还是使用过去的方法做宣传，可能就会面临一些问题。

第四，信息传播的速度。过去，信息从生成到传播可能要以月为单位，要了解一个信息可能需要几天甚至几周，现在人们通常很快就可以得到需要的信息，因此企业如何观察并回应这些信息就变得至关重要。如果出现对企业不利的信息，企业是否有能力在几小时之内察觉并且采取适当的应对行动？

第五，对购买的方便性的要求。过去，消费者的要求可能只是买得到东西，对服务的要求并不高。我曾在一家大型跨国超市任职，公司强调，“现场付现金购买，买方自己运回家”。国外总部坚持这是他们的“传统”。我们提出，不仅是网购需要有配送服务，线下门店也应该提供可以选择的配送服务。

试想，客户买了几千克甚至几十千克的商品，商家还要求客户自己拿回家，这多么不合理。消费者现在要求的是下单后半小时内送达，企业如果不满足这种需求，客户很难再产生购买行为，企业经营状况又怎么可能会好呢?

第六，社交行为。在过去以线下购物为主的时代，消费者彼此之间的往来主要靠每隔一段时间的面对面聚餐聊天，或者街坊邻里的互相交流。消费者购物后即使有不满，也不一定会大范围传播。现在消费者在购物时稍微有一些不满意、不高兴的情绪，马上就会在社交平台上广而告之。这与企业又有什么关系?记得有一次，我和一家做家居用品的上市企业老板一起去参观他们的门店。相信很多人和我有同样的习惯，看到有意思的东西，就喜欢拍下来，发布到社交平台上。参观时，我看到他们某一个产品很有特色，就习惯性地拿出手机要拍照，这时立即有一个店员大声喊着:“不可以拍照！”正在我错愕之时，他们的老板赶过来说:“没关系，这位女士是我的朋友。”当时那位老板还向我解释，由于他们常常被同行抄袭，因此对现场拍照有严格规定。现在做营销，企业不惜花重金让消费者宣传，告诉大家这里有有趣的东西，这家企业却禁止消费者拍照。阻止拍照就能禁止同行抄袭吗?

企业如何应对上述的社会环境的变化?对此我们提出五个创新。

第一，创新客户思维。以商品房为例，过去的商品住宅在销售时基本是毛坯房，所以购房者会有采买建材与家具的需求。现在的商品住宅交付以精装修住宅为主，即使是毛坯房，消费者也会请设计公司承包装修或买样板房装修套餐。过去因为商品价格信息不对称，经销商对产品的定价相对较高。现在更多厂家开通网上销售平台，价格相对透明后消费者为什么还要忍受线下商家高昂的定价呢？新生代消费者几乎不会对古典欧式家具感兴趣，他们更喜欢简约欧式家具，觉得它们既便宜又好看，使用几年后还可以轻松更换。家具行业需要了解人口结构与偏好变化，清楚新的消费者想要什么。

第二，创新商品与服务。以药店为例，他们共同的痛点是客户少、生意不好。一个人一年会生病几次？即使生病了，人们就一定会去药店买药吗？所以药店的消费频次低是必然的，那么药店是不是有可能销售其他产品？比如消费者每天都需要的产品，像护肤品、饮料、食品、日用品……快消品才能把客户带进店。只有客户进店，药店才有机会向其介绍其他医疗产品，这样药店就能有更大的利润。所以我们不仅要满足客户的基本需求，还要发掘客户的潜在需求，提供新的附加产品或服务，让客户更满意，成为客户心目中同行业的首选。

第三，创新运营模式。传统零售行业强调地理位置，认为位置对了客户自然会来，而开店位置不对，可能就会惨淡收场。随着社会环境变迁，过去习惯去超市购物的人现在可能已经很少前往超市。如果你的目标客户不是那些仅存的消费者，你最好做出改变。商超行业的消费需求其实并没有太大的改变，但是其消费场景变了。传统超市面临的问题并不是商品或店铺位置出现错误，而是经营模式跟不上时代。要想摆脱这个困境，企业就要思考：有哪些新的获得客户的方法、如何让客户更容易打交道、是否有更有效率的交付模式、如何通过转型搭建平台。

第四，创新企业组织模式。一家企业的创始人希望我们对该企业缺乏创新能力这一问题提供一些建议。他告诉我，现任 CEO 是企业花了很大代价从另一家知名企业聘请来的，现任 CEO 把他原来任职的大型外企的管理制度移植到新公司，从而改变了原本毫无章法、随老板一句话就可以升迁或奖惩员工的企业文化，为这家企业建立了很好的绩效评估制度。目前，该企业员工的职级分成 31 等。应届毕业生如果进入这家企业，想成为集团副总裁至少要 30 年，组织固化程度可想而知。组织创新要打破科层制结构，建立创客型组织；打破传统的组织模式，建立以增长为目标的团队；下放指挥权，将指挥权交给一线的员工。

第五，创新做事方法。在重新定位客户与企业的关系、挖掘客户的潜在需求和衍生需求后，企业需要重建流程。这时，企业要通过新的科技来实现信息的快速传递。我们需要新的信息技术支持，通过大数据分析潜在危险或机会，通过互联网加强与客户之间的互动，通过人工智能提升客户体验。

2.3　智慧零售为企业创造的三大价值

我们回到第 1 章第 4 节案例中所述的智慧零售基本模型——用“一个核心、三个闭环、两只脚”来创造最大的客户价值。从赋能的角度看，我们可以将“一个核心、三个闭环、两只脚”区分为四种赋能（见图 2-2）。

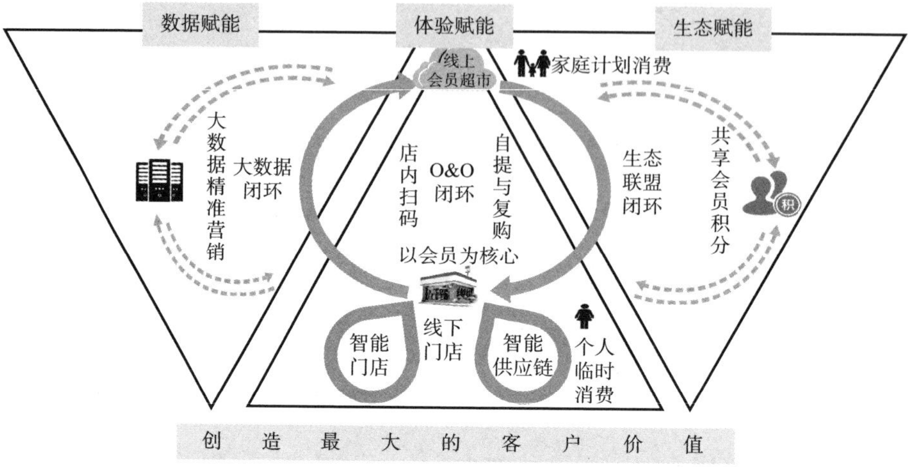

图 2-2　从赋能的角度区分模型

该模型以用户需求为核心创建更多需求场景（我们称之为场景赋能）。图 2-2 左侧首先是大数据闭环，也叫数据赋能；中间的 O&O 是体验赋能；右侧是生态闭环，也叫生态赋能。下面我们就从这四个赋能出发，分别说明智慧零售如何帮助企业升级（见图 2-3）。

智慧零售通过场景赋能洞察客户痛点，挖掘隐性需求。现在，人们越来越愿意为特定场景的解决方案付费。由于当用户在工作模式、学习模式、休闲模式等不同状况下的需求不同，因此重构人、货、场，用有故事、有温度、有个性、场景化的形式链接消费者就显得尤为重要。场景思维不仅是企业营销的重要方法，同时也是企业发展和转型时构建用户关系的核心思维。企业应以消费者体验为核心，走进消费者的生活或工作场景并且洞察和发现这些场景，包括

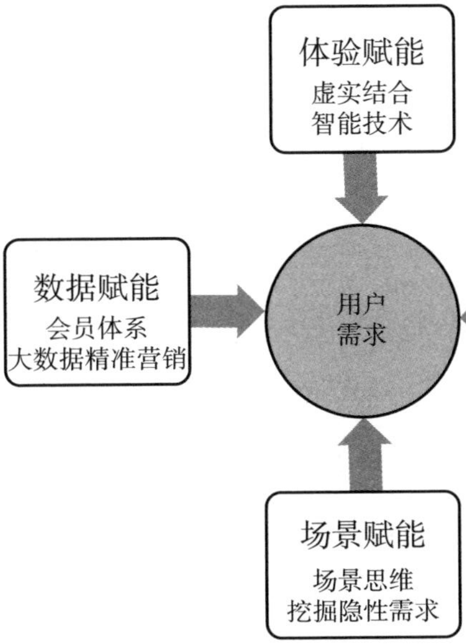

图 2-3　智慧零售的四种赋能

购买场景、使用场景等。探究消费者在这些场景中有哪些痛点，或者挖掘那些连消费者自己都不知道的隐性需求，并进一步思考企业带给用户的价值到底是什么，从而在与消费者的交互过程中不断优化和提升用户体验，扩大企业的业务版图。

场景赋能的案例

场景思维是指通过深入挖掘用户需求和痛点，主动为其提供解决工具，构建全新的使用场景，从无到有，创造全新的营销机会。

农夫山泉早期的主要产品是日常饮用的瓶装水。随着市场竞争渐渐激烈，农夫山泉瞄准家庭生活和后厨这两个用水场景。2016 年农夫山泉 7 款产品被指定为 G20 峰会用水。其中，4 升装天然矿泉水为后厨指定用水。农夫山泉趁势为桶装水制造了“做饭用水”的卖点，通过后厨用水的场景成功占领了家庭生活用水的市场。

同样，新加坡图书出版商 Math Paper Press 通过场景思维做出永不离线的纸质书。在数字时代，人们将很多时间都花费在虚拟世界里，而用户在网络上的每一个痛点都可以成为供我们利用的场景。Math Paper Press 发现，在地铁和公交上有很多拿手机看新闻的人，可是地铁和公交上时常会出现信号不好的情况，这时他们只能无奈地看着离线页面。Math Paper Press 利用这个场景，把图书中的段落植入这些离线页面，当用户访问网页而遭遇断网时，就会看到这些图书段落和书店的地址。这样做既能帮用户打发时间，又能给书店带来生意。

大多数人对星巴克的印象是人们坐在店里对着电脑、打着电话，或者是和朋友进行交流，工作氛围浓重，而不是单纯的咖啡厅。星巴克的客户定位是有一定教育程度、社会地位、经济基础并且崇尚知识的白领。切合目标用户的需求，坚持创造第三空间（区别于家和公司，是生活的缓冲地带）成为星巴克的发展动力，并且其通过咖啡的气味和环境让人们把星巴克当成除了家和公司以外的第三个去处。所以星巴克的店铺设计、布置、装饰的每一个细节都被充分考虑，根据城市特色进行一定设计，并结合标准的服务模式一起卖给顾客。星巴克很少发布广告却成为全球有名的咖啡品牌，其靠的不仅是一杯咖啡，而一种空间和服务的场景。

场景思维是以用户为中心，通过深入挖掘用户需求和痛点，构建全新的应用场景，在与用户交互的过程中，借助场景体验对企业产品或服务产生直观、即时的感受和判断，借助场景式的深度交互体验，创造更多的交易并提高用户黏度。正如我们在第 1 章谈到的便利店转型案例，如果一家便利店只为顾客提供满足临时性需求的商品，将很难应对市场的竞争。案例企业通过大量的市场调研和用户需求研究，将产品线从一般的快消品扩展到盒饭、现磨咖啡等，同时业务线也从单一的街边小店扩展到外卖、线上商城及会员生态联盟，从而吸引更多的用户进行长期消费，不仅对商业模式进行了扩大和转型，同时提高了企业在市场上的竞争力。

智慧零售通过数据赋能为企业奠定坚实的基盘。让我们通过一个早餐店的数据赋能案例先来看看数据赋能的三个基本步骤。

早餐店的数据赋能案例

我在年轻时很喜欢和男朋友去一家店吃早午餐，那时候我差不多是二十五六岁。每周六我都会和男朋友相约一起去附近街角的店吃早午餐。每次进那家小店，老板都会主动带我们去靠近露台的位置，并且只会问我一句话：“还是一样？”就说了这么一句话，几分钟以后，我们俩平常爱吃的早餐就端上来了。各位想想看，多神奇！这位老板记得我们的口味和喜好。一开始我还以为他是特别照顾我们，只记着我们的偏好。后来，在吃早餐的过程中，我看见另外一个客人走了进来，那位老板也是说了一模一样的话，然后就转身去准备了。天啊，他记住了这么多客户的消费习惯！我们常讲要了解每个客户的行为和爱好。这个老板确实做到了，他非常清楚我们这些人什么时候来、吃什么。如果把他的这些数据与做法录入电脑，就成了数据库。我们来看看这位老板做了哪些事情。他在与客户的交互和交易过程中，收集、记录了客户信息，比如客户喜欢吃什么、什么时候来、和谁一起来……

我们来看看数据赋能在这个案例中起到什么作用。

第一步，收集客户的基本数据。哪些是基础数据？以我为例，女性，二十五六岁，周六不上班，有个心仪的男朋友，这是我的消费情境信息（时间、人数）。我喜欢喝美式咖啡，吃法式牛角面包，这是我的商品偏好信息。这些信息都是在与客户交互的过程中可以得到的。

第二步，推演客户的衍生数据。老板还可以基于基本数据推演一些衍生数据。我个人的生活应该是规律的，因为我每周六都到店，我应该是上班族（这些属于生活方式）。我每次都是周六早餐时间和男朋友一去店里，因此餐厅老板应该可以推断出我住在这附近（大概知道客户住哪里是很重要的事，下一步就可以推断出一个人的基本生活圈，这为数据应用的范围及精准性奠定了良好的基础）。另外，老板应该可以推断出当时我们没有小孩，因为每次都是两个人去吃他店里的早餐。这些都是衍生数据。

第三步，数据洞察与联想。有了这些数据可以做什么？这些数据可以作为自己店内经营的备货参考。如果饭店老板记录了每个客户的数据，就可以计算出周六应该准备多少法式牛角面包、牛奶、羊奶、米饼等。如果他的朋友在其他行业做生意，这位老板还可以和他的朋友进行数据交换。如果他的朋友在女性服装、健身或者教育行业，他就会知道我大概喜欢什么风格的服饰，两个职场小白领应该需要哪些定期的健身活动或在职学习课程。如果这位老板又开了一家超市，他也能大概算出我一周需要吃多少水果，一个月要吃多少米，以及以后还可能在超市购买哪些产品。数据赋能，不仅需要记录交易数字，常常还需要很好的数据洞察力和一些联想能力。

智慧零售通过体验赋能进一步拉近企业与用户的距离并增加信任。体验赋能是在用户使用产品或与企业交互的过程中，结合用户的行为数据不断优化用户的使用感受，挖掘更多新需求，为用户提供一个积极、高效的体验，让他们持续使用该产品，从而带来商业上的盈利。接下来，我们来看看盒马在体验赋能上的突破与收获。

盒马的体验赋能案例

关于盒马通过智慧零售提升消费者的体验，老实说，最初几次我的到店体验并不是太好，我个人对于盒马持保留的态度。先说说盒马好的地方，盒马提出的3公里内30分钟送达，确实给消费者提供了很好的用户体验，也确实把国内零售业的服务标准做到了“第一”。这种闪电般的送货速度确实改变了人们的购物选择。但盒马在店内的设计可能过于强调科技，反而忽略了用户体验。

举两个例子，请大家一起思考。第一个例子是在店内悬空的吊索。听说这些吊索是为了保证店铺接单后取货时不影响店内消费者而专门设计的。我不确定这个吊索的利用率有多高，不过我去盒马店内几次，很少看到那个吊索在运送商品。反倒是这些吊索让我在店内会比较没有安全感，让我像是在工厂里一样担心吊索上面的东西会掉下来砸到人。第二个例子是门口的自助扫码结账。有时候这几台扫码机似乎没有提升客户体验，反而在给客户制造麻烦。有一次，我在盒马门店扫码结账，后面站了四个工作人员，我问他们为什么站在那里。这几个工作人员说，怕您不会扫码，我们在旁边协助。这种协助让我觉得盒马好像不信任我，担心我漏扫了什么商品。

相比之下，我对亚马逊无人超市（Amazon Go）的评价较高，我认为它给我带来的体验真的很好。在互联网快速发展的时代，各大电商平台都试图通过优化用户体验提升成交转化率，虽然亚马逊首页近10年里似乎并没有非常大的改变，但事实上其却在遵循相对科学的原则并结合数据不断优化用户体验。我们在浏览亚马逊主页时，似乎总会看到一些凌乱的界面，但为数不多的简洁区块却有独特的元素可以立即捕捉用户的眼睛。左上角的导航搜索，和靠近顶端的搜索或购物车，永远都是最明显的，它可以让我们更方便地找到自己需要的商品。另外，亚马逊把推荐引擎用到极致，让我们购物时更容易发现相关商品并且不会觉得太反感。比如，在我们购买商品的同时，网页下方就会直接推荐与这个商品相关的热门配件和组合，并提供优惠价。其快速结账流程也极大提升了转化率，未支付完成的订单永远都会被折叠放在所有产品中，消费者可以轻松找到订单按钮并启动结账流程。

“咖啡奇幻乐园”的体验设计

对2017年阿里集团与星巴克联手打造的甄选烘焙工坊——咖啡奇幻乐园，我愿意给予较高的评价，它才是站在客户角度设计场景。该店号称是首次大规模地将AR（增强现实）技术应用在咖啡店中，它将门店分为几个不同的区域，让消费者探索咖啡的文化、咖啡的生产、咖啡的冲泡以及烘焙食品。消费者可以在这里看到一些烘焙现场，包括制作过程。这个门店强调对视觉、触觉、味觉、嗅觉、听觉体验的设计。

视觉体验：门店的装修硬件以及店内的灯光、色调、格调、服务人员的穿着、商品的陈列方式等。已经有大量的研究证明，商场的布置与陈设、灯光、服务人员的穿着，都会引起消费者的不同联想。若是设计得当，可以让消费者在店内的感觉更好，更愿意消费，也更愿意再次光临。

触觉体验：这是一种相当隐性的感觉，例如桌子台面、柜台、餐盘、桌垫甚至扶手等的质感，都属于触觉体验。各位想一想，在快餐店和酒店，餐桌给你带来的感觉有什么不同，中餐厅与西餐厅给你带来的感觉有什么不同。从更细微的角度想一想，不同的扶手是否也会让你在店内的体验有所不同，这些都是对触觉体验的设计。

味觉体验：餐厅中的食品吃起来口感怎样、口味怎样，有没有一些特殊之处让消费者感到惊讶。

嗅觉体验：嗅觉对于餐厅极为重要，它很容易激起食欲，但是常常被忽略。例如，烘焙店内烘焙面包的香气、咖啡的香气，都会引起消费者的消费欲望。那么，你如何让店内充满这种咖啡的香气？很多设计都会影响嗅觉体验，比如在咖啡店内该怎么设计通风系统才可以让这些香气留在店内，同时又不会让消费者有沉闷感。

听觉体验：很多餐厅都有背景音乐，大量的研究证明背景音乐对人存在潜在影响。各位回想一下，你在麦当劳听到的音乐和在星巴克听到的音乐是不是有很大差异。随着时间变化，早上你可能需要比较提振精神的音乐，下午则可能需要稍微有一点慵懒的音乐，晚上的背景音乐可能就要更恬静一些。

在咖啡奇幻乐园里，除了上面所说的五种感官设计，在消费流程设计上阿里与星巴克也有很多匠心。消费者进店后会看到比较热门的商品，可以参考实物用菜单点餐。店员会以图片结合口头复述的方式与消费者确认订单，并采取移动支付的方式进行结账，之后让消费者领取小票、等候取餐，整个流程非常顺畅。当然，如果能安排机器人送餐，让消费者无须在前台等待取餐，消费者体验可能会更好！

智慧零售通过生态赋能跨行业联盟为消费者创造更多的便利。生态赋能是指通过打通会员积分的应用场景，与周边企业进行联盟合作，为消费者提供跨业态的便利服务和实惠。前面两种赋能都是针对企业本身进行升级改造，对提升消费频次与客单价较有帮助，但是在获取新客源方面效果则比较有限。生态赋能也是智慧零售的架构的一部分，主要发挥获取新客源的作用。当企业本身的能力提升后，企业能输出能量和资源，也能把外部的能量和资源转为自己所用。

综上所述，智慧零售对企业的赋能主要有场景赋能、数据赋能、体验赋能、生态赋能四个体系。场景赋能是以消费者为中心，通过深入挖掘用户需求和痛点，构建全新的应用场景。在与消费者交互的过程中，企业可借助场景体验让消费者对企业产品或服务产生直观、即时的感受和判断，借助场景式的深度交互体验，创造更多的交易，提高用户黏度。数据赋能是通过搭建会员体系，取得客户的数据，并在梳理数据后建立数据仓库，形成用户标签，进行精准营销。体验赋能则为优化门店体验和线上体验，构建虚实融合场景，让消费者更乐于和企业接触。生态赋能则是在数据赋能与体验赋能有一定基础后输出资源，与外界商户进行资源共享，同时也引进外部资源帮助企业创造利润，促进销售，降低成本。

基于智慧零售的四大赋能体系，下面我们根据学术界常用的三种企业价值，即交易价值、数据价值和平台价值来评估智慧零售及其四大赋能体系能够为企业创造哪些价值，以及创造价值的大小（见图 2-4）。相信这个分析能为企业进行智慧零售项目投资提供一个更全面的评价标准。

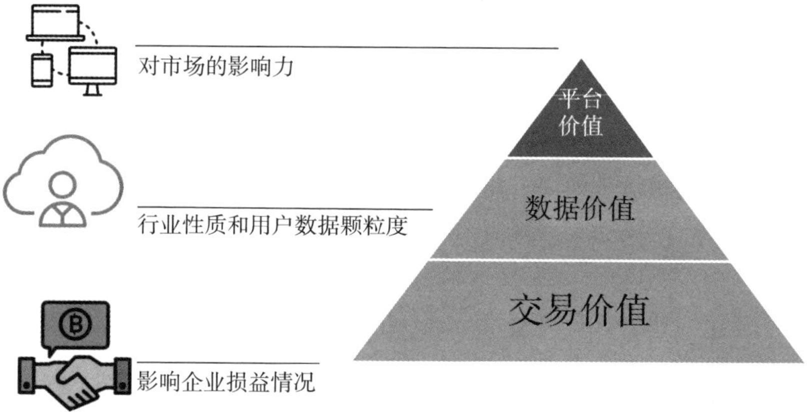

图 2-4　三种企业价值

交易价值是指在获得顾客的信赖与忠诚的基础上，通过为顾客提供产品或服务而获得的直接或间接的收益。交易价值受收入、成本或费用的影响，最终影响企业的损益情况。

数据价值是企业拥有的客户数据，对它的评价与行业性质（刚需 / 高频、非必需 / 低频）和用户数据颗粒度有关。

平台价值是因企业分类而异的，即企业属于产品公司还是平台公司。产品公司聚焦于较小的市场，把产品做到极致，自行投资开发、生产、营销；而平台公司则是搭建平台让别人买产品。平台价值更体现为企业对市场的影响力，供应商、消费者越信赖平台，平台的谈判筹码多，定价权就越强，企业价值越大。

这三种价值之间有一些关联，但是又相互独立。智慧零售到底如何创造交易、数据及平台这三方面的价值，企业又该如何计算这些价值，接下来我们将对这些问题分别进行具体说明。

智慧零售通过四大赋能创造企业的交易价值。交易价值就是对企业损益表的影响，那么智慧零售如何改变企业损益表？我们可以从四大赋能出发评估其对损益表的影响（见图 2-5）。

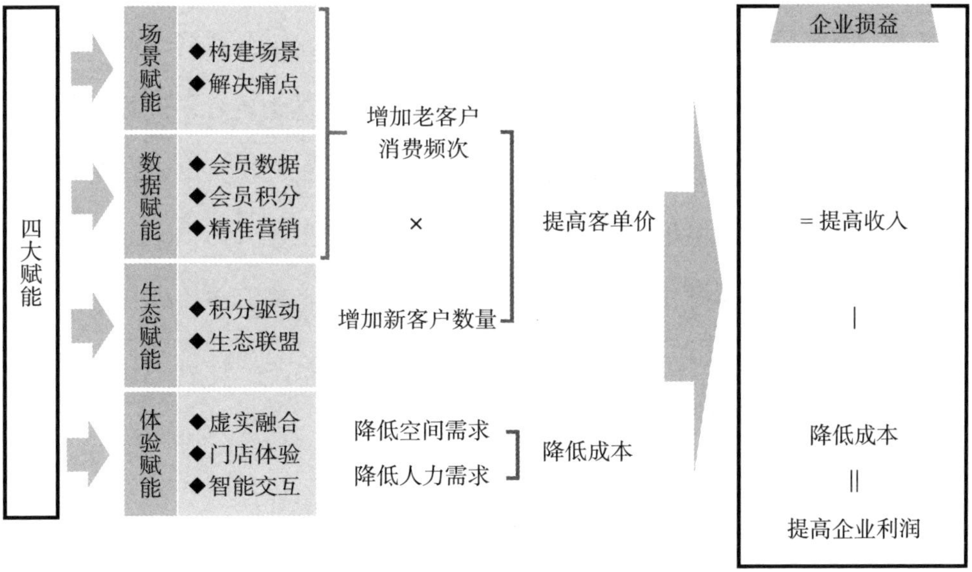

图 2-5 智慧零售四大赋能如何创造交易价值

1. 场景赋能

场景的基层逻辑是基于用户思维积极构建场景，解决用户在消费、体验、使用、交互中的痛点。首先，营销场景化。人们越来越愿意为特定的场景付费，结合企业既有的产品和服务植入、融合社会化场景，制定相应的营销策略，从而让消费者在体验过程中与品牌或产品进行深度互动。其次，回到商业模式的层面思考企业赋予用户的价值提议。在消费者在体验过程中，洞察哪些环节是可以再优化的，或者有哪需求是可以进一步挖掘的，从而建立新的消费体验场景，满足更多的需求，同时提高用户黏度。

2. 数据赋能

其包含会员数据、会员积分和精准营销。通过收集会员数据，企业可以更清楚地了解客户潜在需求，用精准营销锁定特定群体的消费者，再通过会员积分驱动消费。因此数据赋能可以增加老客户来店消费的频次。由于完成了对客户数据的梳理，因此企业不仅能清楚了解每一位客户的消费习惯，也可以针对不同客户拟定不同的提升客单价的方案，所以数据赋能对客单价提升也能产生效果。

3. 生态赋能

指企业通过积分驱动，建立生态联盟，向外部赋能，同时也将外部资源引入企业内部。数据赋能对增加老客户的消费频次有帮助，生态赋能对增加新客户数量有帮助，二者结合，可以达到提升来客数的目的。而通过营销方案，又可以有效提高客单价，所以数据赋能与生态赋能结合就可以带来总收入的增加。

4. 体验赋能

其包含虚实融合、门店体验与智能交互的情境设计。在虚实融合方面，因为客户不完全依赖门店，也可以通过互联网这一途径接触企业的商品，所以企业不需要很大的线下店铺陈列空间，可以降低对空间的需求。企业的空间需求降低，其对管理、运营门店的人力需求也会降低。体验赋能的核心价值，在于降低空间需求和人力需求。这两个成本也是目前零售行业里增长速度最快、最大的成本。如果企业能有效降低空间需求，有效降低人力需求，就可以降低成本。

综上所述，智慧零售能够提高收入、降低成本。这两方面获得改善，企业利润就也可以获得提升，企业的损益数字也将得到改善。

智慧零售通过梅特卡夫定律①为企业创造数据价值。关于会员数据到底值多少钱，不同行业中有一些差异，但是我们可以通过获客成本反推会员数据价值。10 年前的获客成本可能是 20~30 元，现今获客成本高涨至 180~200 元。所以如果企业有一定数量的客户数据，就能对外提供引流服务，而且会员数据理论上可以重复使用。这些数据可以为合作企业产生多次引流效果，可以让企业

① 即网络价值以用户数量的平方的速度增长。具体解释说明见下文。

获得引流收入。一家拥有上亿用户的企业的用户数据值多少钱？如果其会员质量不错，每一个会员的估值可能是 80~180 元。仅从会员的价值来看，企业因为智慧零售就可以产生 120 亿 ~180 亿元的价值。

结合网络效应与梅特卡夫定律，可以更加深入地了解数据价值。理论角度有一个更严谨的计算方法。这要从网络效应说起，这个概念是由奥兹·谢依（Oz Shy）在 1985 年提出，“平台每增加一个用户，会使其他用户的价值也被提高”，并且这种价值的提高呈指数型。试想，你要向第一个用户销售电话时，如果客户问你买电话有什么用，你会怎么回答？或者这名客户会问，我能打给谁？因此，销售电话给第一个客户是非常难的。因为在第一部电话出现前，电话对客户来说是没有价值的。但是，当成功销售了第一部电话后，再面对第二个客户时，至少这个客户可以打电话给第一个客户了，所以第一个客户的效用就上升了。

我们从连接数来看，当我们只有 1 个用户时，连接数是 0；当我们有 2 个用户时，连接数是 1；如果有 3 个客户，连接数是 3；当客户数量为 4 时，连接数是 6；客户数量为 5 时，连接数就增加到 10，这种连接数的增量远大于客户数的增量。当有 n 个用户时，企业的价值会呈指数型增长。网络效应只能讨论出呈指数型增加的结论，没有具体的计算公式。

哈佛大学梅特卡夫教授提出了梅特卡夫定律。他认为，价值的增加与用户数的平方成正比。梅特卡夫以某社交软件的市值与用户之间的关系进行实证研究，得出如图 2-6 所示的结果。图中横坐标是月活跃用户数，纵坐标是收入。图中的“点”代表各个时间点上实际活跃用户数对应带来的收入，斜线是假设二者的数量关系呈线性，曲线则表示两者关系是线性的平方成正比。可以看出，图中点的位置与曲线是一致的，说明实际数据与梅特卡夫定律基本吻合。

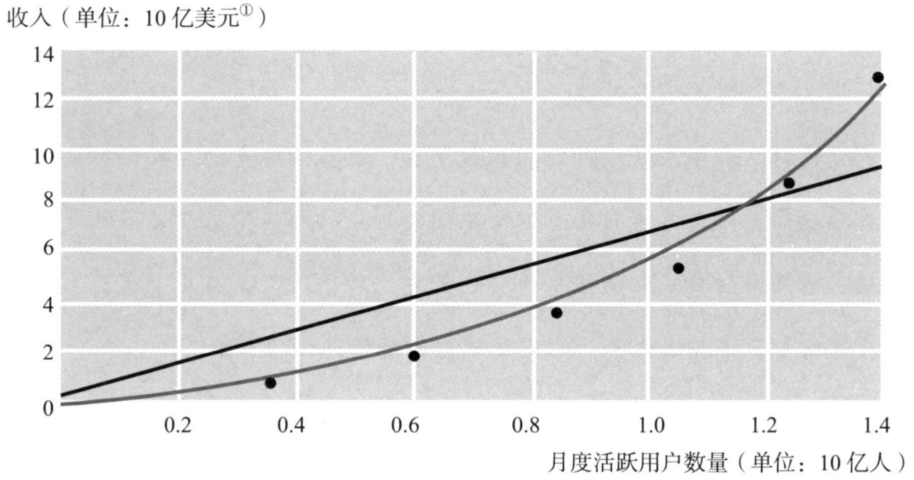

图 2-6 用某社交软件市值验证梅特卡夫定律

智慧零售创造的平台价值成就企业发展。什么是平台价值？我们只要回答下文案例中的一个问题就能明白。

① 约合 63.8 亿元。——编者注

苹果手机为什么可以击败诺基亚

老实说，苹果手机外观是否漂亮见仁见智，其功能好像也并未比其他手机更全面，苹果手机的主要功能覆盖了移动电话、相机、音乐播放器的功能，仅此而已。这些功能难道诺基亚手机没有吗？有人可能认为苹果手机的相机镜头更好，可诺基亚的许多手机用的是蔡司镜片，即使是现在最新款的苹果手机的摄影效果也不见得比用蔡司镜片的手机好。

那么为什么在苹果手机发行短短数年后，诺基亚就走向衰败了？关键应该不是这些功能，而是两者其实有完全不同的行业格局。诺基亚采用的是一个封闭系统，它所有的功能都由诺基亚自己开发。即使诺基亚有几千甚至上万名能够产生丰富创意产品工程师，他们能创造的价值也依然有限。

苹果手机看起来是一个硬件平台，但是因为有“苹果商城”，有无数的App厂商会为这个苹果商城开发相关的应用，所以苹果的产品不再是手机本身。苹果手机初上市时，这种价值还不明显，但是当诺基亚还聚焦于将手机的每一功能更精细化这一比较思维时，苹果已经吸引大量软件公司在苹果平台上开发软件。苹果靠几十万家App厂商的共同努力，给消费者提供更多、更丰富的应用功能并从中获利，这才是苹果获胜的关键。

这两家企业，一个是完全靠自己想点子、开发软件功能；另一个是让大家帮他想点子、帮他努力开发软件功能。谁更具有市场价值呢？我们用一个很形象的比喻来提问，你要做的企业到底是万马拉车，还是车拉万马？如果你是车拉万马，那这个车子的引擎要够强，才能拉动一万匹马。你要用你一台车子带动一万匹马，容易吗？反过来，如果你的企业是万马拉车，那你只要把平台搭建好，就会有人来。这时你的车子根本不需要投入任何额外动力，它自己就会跑得非常快。这就是苹果击败诺基亚的原因，苹果是在万马拉车，诺基亚是在车拉万马。

平台的价值到底有多大？以 2016 年为分界线，此前全美市值较高的公司主要来自石油、金融、工业、零售等领域。之后，全美市值前 5 的企业中再也看不到这些企业了，苹果、亚马逊等企业取代了传统大企业的位置。我们再来看看这些企业是怎么异军突起的。亚马逊原来在使用 B2C 的结构时，也是采用车拉万马的经营模式。连续 7 年亏损、转型成为平台型企业后，亚马逊成了全美市值仅次于苹果的企业（截至 2021 年 3 月，苹果公司市值 2 万亿美元，亚马逊公司市值 1.55 万亿美元）。图 2-7 是几种现代企业类型。

图 2-7　现代企业类型

我们特别强调，企业进行智慧零售的目的是提高收入、创造利润。本章从交易价值、数据价值以及平台价值来分析，智慧零售如何为企业创造巨大价值。然而，要实现智慧零售的发展及价值，必须要从“革心”开始。企业曾赖以生存的核心能力或优势在面对社会环境及消费者行为变迁时，或许已经不能成为应对市场竞争的利器。企业从思维上首先应该回归当下消费者需求，这样才有可能发展出企业的长远价值及方向。

第2部分

智慧零售的基础：会员体系

在这部分中，我们将正式学习智慧零售的第一个组成要件——会员体系。它是智慧零售环境中非常重要的课题。在第3章，我们将说明为什么会员制度是智慧零售的重要基础，以及如何设计一个好的会员积分体系。第4章我们会解析如何用同样的成本争取更高的客户黏度，以及为什么会员积分制度比其他促销方案更好，并结合经济学原理及不同行业的利润结构解析积分的发放比例与不同品牌间的交换原则。第5章我们将回到会员的整合经营层面，通过进、活、粘、值、荐的策略为整体的会员积分体系注入活力。

第 3 章

会员与会员留存率

3.1 会员的定义

会员就是有数据的客户，没有数据的客户即使消费过也只能被称为“过客”。客户想再次消费时可以很便利地找到企业，企业也能很容易地联系到这位客户，这样的客户才是企业会员。反之，企业根本不知道客户下次什么时候会来，也无法与他保持联系，这样的客户就不是会员。值得注意的是，企业在销售目标正常完成时，不要误以为企业各方面都很棒，更不要误认为客户对企业形成了依赖。

我们假设一家企业是在某年 11 月开始营业的，当月新增会员 56 万人，12 月新增会员 53 万人，次年 4 月新增会员 86 万人。11 月（营业第一个月）的新增会员在 12 月仍有消费的有 14.9 万人，第一个月的客户留存率仅为 27% 左右，也就是说，当月客户流失率大概有 73%。到次年 1 月，11 月新增会员中还会再来消费的只剩 13.4 万人，也就是说，2 个月后客户留存率只有约 24%，流失了

76%。再看看 6 个月后，到了次年 4 月，11 月新增的 56 万会员只剩 10 万人还来消费，客户留存率只有 18%，流失率达 82%。

这种状况并不是特例。即使是看上去生意红火的网红餐厅，半年内客户的流失率一般也都高于 80%。企业常常说来客数不足，一直忙于拉新客户。但是企业花了巨大的成本吸引客户，如果没有办法留住这些客户，企业会面临非常大的损失。没做好会员经营的工作，企业的营销支出情况就犹如向一个开着排水口的水池蓄水，输进去多少，就流失多少。所以大家一定要慎重看待会员经营，要谨记，企业能不能活下去，关键在于企业的会员会不会持续性地重复消费。那么，接下来我们谈谈如何设计一套成功的会员体系。

3.2 如何设计一套循环性增长的会员体系

想设计一套循环性增长的会员体系，我们先要知道设计一套会员体系需考虑哪些要素。

第一，是否区分会员等级。区分会员等级不仅是企业经营会员的基本策略，也是让会员对企业有所期望的方法。这不仅需要与目前企业的会员体量、运营机制相结合，也要结合会员特性及活跃度去思考。通过区分等级，我们不仅可以更有效地制定日常经营策略，也可以根据人物画像进行精细化运营，为后续大数据的精准营销打下基础。

第二，不同等级会员的权益有何不同。既然将会员分级，那么每一层级的会员权益当然也应该有所区分，而且应该有显著差距，这样会员才会觉得随着等级提升，自己享受了更好的服务。

第三，是否要对会员收取会费。需要考虑企业所处的竞争环境和本身的市场地位。例如，开市客（Costco）规定只有会员才可以进场消费。全面收取会费的好处是会员质量较高，会员营销资源的投入最有价值。不过你最好先确定你的企业对消费者的吸引力足够强。部分收费能得到比较大的会员基数，可以对会员进行划分并逐步培养，缺点是大部分客户的消费行为仍属于随机消费。

第四，会员升级与降级的条件。如果企业的会员体系采取分级制，接下来就要考虑会员升级与降级的条件。

第五，会员体系是否要与其他行业的会员体系相通，特别是积分是否与其他行业相通。积分是否可以跨商户通兑，这对企业生态圈的建立非常重要。

第六，积分的有效期。发出的积分一定要有有效期限，否则没有消费的积分会长期挂在账上，这时候公司的财务报表就会有大量的“或有负债”，很难处理。有些企业是以年为基准，在每年 12 月 31 日清零积分。这样做的好处是消费者不易忘记积分兑换期，系统简单、好处理，但是每到年底会有兑现高潮。有些企业采取滚动式的一年有效制。采取这种方法后，可能每天都有会员积分作废，企业不方便记忆，系统也相对复杂，但是对于提升会员的活跃度更有帮助。

第七，会员激励策略。企业要考虑的是会员体系中有没有会员激励和管理的闭环。很多人以为会员激励就是送积分，让会员可以用积分兑换商品。这种做法低估了会员系统的深度与广度，这也是大多数企业会员获得积分后不活跃的原因。会员激励策略应关注 6 个关键因素：能否吸引会员立即加入、如何促进回购、如何提高并买、如何提高消费频次、如何进行情感维系、能否促进社交。

如果你的市场团队正好提交了一份会员策略，你不妨参照以上关键点检验自己的会员政策是否可行，看看这份策略是不是考虑到了以上所有内容，是不是对长期目标的达成起到了相对有效的作用。

3.3 设计付费会员体系的模型

在会员体系的维护中，我们常常采用分级、分群、呈金字塔结构的维护方法。那些贡献度最高的会员常常是最关键的客户，我们通常会采用更高一级的付费会员机制来经营他们。当然，也有一些企业只有付费会员。接下来，我们将讨论如何设计付费会员体系。

开市客如何成为全球获利最高的连锁超市

谈到付费会员，全球最经典的案例应该就是开市客了。开市客会员体系的成功让它打败诸多对手，它的每用户平均收入（ARPU）是所有超市中最高的，它也是大型超市行业中最赚钱的超市之一。开市客要求所有客户必须是付费会员，否则无法消费结账。开市客目前是全美第二大零售商，规模仅次于沃尔玛，但获利能力却远高于它，在全球 40 多个国家及地区中有约 600 家门店，营业额超过 1000 亿美元。在美国，开市客的付费会员体系有两个级别，一般等级被称为金星会员（Gold Star），每年会费为 60 美元；更高等级被称为行政会员（Executive），每年会费为 120 美元。2019 年，开市客首次登陆中国，设计了一个金星卡，每年会费为 299 元，生意火爆程度令人出乎意料：新店开业时会员卡即卖出 16 万张，想在其所在商场停车至少需等待 3 小时，《财富》杂志把它评定为“全球最受赞赏的零售业企业”。它为什么能击败同行的对手？很重要的原因就是它采取了付费会员制度。在这里，我们来深度挖掘一下开市客究竟是怎么击败对手的。

我们对比一下开市客与其他大型超市的收益结构，就能清楚地看到开市客成功的公式。图 3-1 是一个简易版的收益表，第一列是标准的收益表类目，第二列是其他超市的收益结构，第三列是开市客的收益结构。假设其他超市销售价值 100 元的商品，其成本大概是 78 元，有 22% 的毛利，营业费用可能是 15 元，那最终产生的净利润大概是 7 元。一般大型超市并没有其他的会员收入，所以超市最后的利润就是 7 元。

我们看看开市客的收益表有什么不一样。第一，存货单位（SKU）少，采购时具有集中效应，而且采用大包装，平均成本较低。第二，运营费用比较少，一般大型超市可能有数万个 SKU，管理起来极为复杂，开市客的 SKU 远低于一般大型超市；SKU 少，管理起来就比较容易，需要的商品采购人员少、

类目	其他超市	开市客
售价	100	85
成本	78	75
毛利	22	10
费用	15	10
营业净利	7	0
业外收入	0	20
最后利润	7	20

①SKU少，有集中效应，商品大包装，**成本低**
②SKU少，管理较容易，**运营成本低**
③按“营业净利=0”设定售价，**保证销量**
④虽然营业净利为0，但**业外收入（会员费）高，最终利润高**

图 3-1　开市客与一般大型超市的收益结构对比

储存空间小、运营管理的人员也少，所以运营成本较低。第三，开市客的商品成本和运营成本都比较低，同时它的定价低于一般大型超市，商品的加价率一般在 10% 以内，这种策略使开市客的销量增加，也进一步加强了采购人员的谈判能力。开市客的营业净利较低，其首席财务官理查德·加兰蒂（Richard Galanti）说：“我们的经验法则是，将省下来的成本的 80%~90% 返还给消费者。”开市客的平均毛利率只有 7%，大于 10% 的商品要经董事会同意。所以开市客的营业收益只是达到平衡点而已。各位特别注意一下，开市客的营业净利为 0，其售价是最低的，而且质量又把控得好，自然就有竞争力。第四，尽管开市客的财务报表显示其营业净利是 0，可是商品价格低、品质好，并且只有会员才能进店购买，所以大量消费者愿意支付年费，获得进入开市客门店购买商品的资格。开市客绝大多数利润来自业外收入，也就是会员费。消费者购买了年卡成为付费会员，他买得越多，看起来节省得越多，也就更愿意到店购买。

亚马逊中国的付费会员制

亚马逊与开市客不同，它并没有采取强制性的付费会员制。亚马逊的付费会员制是电商行业的代表，京东、天猫等企业似乎都参考了它的模式。电商行业有许多企业具有平台属性，贩售的商品不属于平台，毛利也不属于平台。平台能够获取的是平台销售佣金，然而佣金本身相当微薄，所以电商平台一般无法在价格上给予付费会员太大的优惠，都把关注点放在运费上。成为亚马逊的付费会员后，主要可以在以下 3 个方面获益:（1）国内订单不限次数包邮;（2）跨境购物满额包邮;（3）享有定期限量抢购（秒杀）的优先权。

在电商行业，物流一直是买卖双方的痛点。对于消费者来说，在网上找东西，价格比了半天后会发现，裸价虽然便宜，但是高昂的运费会抵消价格的优势。对于卖方来说，消费者如果不愿意为物流出钱，卖方就只好出钱。如果消费者在平台上买了 3 个不同商家的商品，卖家就要支付 3 笔物流费用，单品的运费成本极高。亚马逊的做法是，一旦成为付费会员，就可以不限次数地享受包邮服务。

国内一单普通快递的成本大概是 5~10 元。假设一单快递的费用是 5 元，会员支付了 388 元的年费，希望取得每单减免 5 元运费的优惠，那么会员每年差不多要消费 70~80 次才能“赚”回 388 元。对于消费者来说，要达成“回本”的目标，只有一个办法，就是尽可能在亚马逊平台下单。海外购更是如此，海外购运费更昂贵，如果能够免运费，消费者可选择的商品将更多，虽然有最低消费门槛，可是要达到这个门槛是很容易的。虽然亚马逊在国内的一般商品销售能力无法和天猫、京东相比，但是它在海外购方面的优势也是淘宝、京东没办法比的。并且很多“80后”“90后”非常喜欢海外购，他们认同亚马逊的付费会员体系。可以说，付费会员制为亚马逊找到了极佳的蓝海领域。

看了这两个付费会员的案例，我们可以归纳出一些通则：付费会员体系做得相对成功的企业多为快消品类企业，并且考虑了吸引消费者开卡、后续消费、彰显会员服务等需求。结合过去的经验和市场比较成功的付费会员体系及其逻辑，我归纳出设计付费会员体系的逻辑和方法，称其为花、得、省、享模型（见图3-2）。

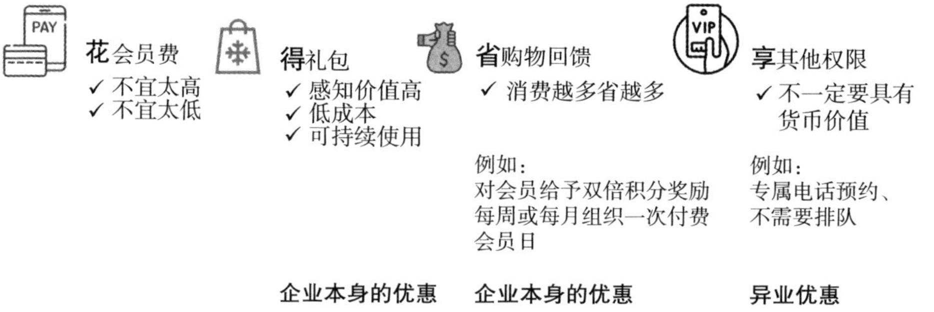

图3-2 设计付费会员体系的方法——花、得、省、享模型

“花”是指会员应该花多少钱来与企业建立关系。按照不同行业特性，这个金额不宜太高，也不宜太低。如果金额太低，消费者就不会意识到会员卡的价值，也就不会珍惜；如果金额太高，消费者会觉得太贵、不划算。付费会员卡的会费金额为会员年消费额的10%~20%最恰当。

“得”是指成为付费会员后可以马上得到什么东西。我们通常称之为大礼包，就是会员付费以后可无条件取得的权益或商品，通常为企业的产品。大礼包的最佳价值定位是“花”的金额的1.5~2.5倍。企业需要按照两个条件选择赠品。第一个条件是感知价值高、成本低；第二个条件是这个商品应该是企业主要售买且可持续使用的商品，因为这类商品通常是吸引消费者养成消费习惯的开始。

“省”是指如果会员把相关或同类的消费行为都转移到你的平台，可以省下多少钱。这个金额至少要达到“花”的金额的5倍。例如，给予会员双倍积分奖励，一年可以积累不少积分；或者每周或每月组织一次付费会员日的特定活动，把积分的返利加大。这样，既有具有针对性的专属活动，又有大量积分可以用来消费，消费越多省越多，会员自然会重复进行消费。

“享”就是成为付费会员能专享哪些权益。这种权益不一定要具有货币价值，可以是专属电话预约、不需要排队等权益。正如我们在上文中所说的，很多人愿意加入会员体系是因为企业为会员创造的特殊身份或特定服务。“享”也有很多是跨行业合作进行的资源整合或福利，企业也不需要付出太高的成本。

付费会员是提升会员年度消费的利器，更是企业在市场竞争中的武器。开市客与亚马逊成功地利用会员的“回本”心态，把付费会员的全年消费从其他平台争取了过来。

第 4 章

积分是会员体系中好用的连接方式

在设计会员体系时，除了权益，积分作为底层通用工具和营销方式，可以把会员权益串联起来，从而让消费者持久留存并保持活跃。接下来，我们将分享有关积分的策略。积分其实只是一种促销形式，在此基础上我们有非常多的促销方式可以选择。如图 4-1 所示，这里我举几个常用的促销方式。常见的促销方式有 3 种：一是满减，比如客户购买某公司的产品，满 100 元可以打 8 折；二是买赠，比如客户购买 A 商品或购满一定金额就赠送 B 商品；三是消费送积分，比如客户消费多少金额，企业按一定比例回馈会员积分。

促销方式	能否激励本次消费	创造的感知价值的高低	对净收入的影响	能否带动二次消费	有无礼遇感	能否自主选择
满减（打8折）	√	等值	↓	×	×	×
买赠（送其他公司商品）	√	可能提高	–	×	×	×
买赠（送自己公司商品）	√	可能提高	–	×	×	×
消费送积分	√	必然提高	–	√	√	√

图 4-1　比较各种促销方式的优劣

当做某个营销活动时，我们会考虑不同活动的差异性及其能达到怎样的效果。我们通常用以下 6 个维度评估促销方式的有效性。

一是能否激励本次消费。满减相当于降低了商品本身的售价，对激励本次消费肯定是有效的。买赠对消费者来说也是一种激励，企业不论是送自家生产的产品，还是送其他公司的产品，都可以起到激励作用，至于效果，要看消费者对企业所赠送的商品的感知价值。消费送积分当然也是有激励效果的，前提是消费者认可企业积分的价值。

二是创造的感知价值的高低。促销方式对消费激励效果的大小要看促销创造的感知价值的高低。对于满减，因为企业把商品售价降低了，所以消费者对其的感知价值不高；对于买赠，感知价值高低也随消费者对赠品的满意度不同而有所不同；对于积分促销，其发挥作用的前提是消费者认可积分的价值，积分如果只能在兑换中心换一些事先把价格抬高的商品，消费者可能就不会认同积分价值。具有丰富消费场景的积分，可以有效提升消费者的感知价值。

三是对净收入的影响。从对收入的影响来看，买赠和送积分都不会对收入造成负面影响，满减对企业的收入比较不利。假设企业打 8 折销售原价 100 元的商品，收入只有 80 元。从销售的角度来说，企业此时的销量必须增加超过 25% 才划算；但是从利润的角度来说，企业要销售更多，才能得到原来的利润。因此，满减促销对卖方的销量与收益都是很大的挑战。

四是能否带动二次消费。满减对二次消费比较不利，因为消费者这一次买到了便宜商品，下一次购买时如果没有满减，视同价格回涨，这时消费者心里就会产生不满。如果下次消费时没有买赠，消费者会觉得没占到便宜，所以买赠对二次消费也没有正面影响，至于是否产生负面影响则要分状况讨论。积分促销是唯一能够带动二次消费的，因为消费者有了积分，二次消费时可以到店里兑换商品或折抵现金消费。

五是有无礼遇感。满减一般对所有消费者都有效，所以对于获得优惠的人而言并没有什么特殊性，买赠与之类似。消费送积分就不同了，只有会员才有积分，其他人是没有积分的。所以对于会员来说，消费送积分更有礼遇感。

六是能否自主选择。当企业不仅愿意给消费者赠品还让消费者从众多商品中自己选择喜欢的赠品时，消费者会有更好的体验，也可以创造更多互动。虽然对于企业而言，这样的促销活动的执行会比较复杂，积分作为促销工具使用时相对灵活，但只要在制定会员积分规则时定义清楚积分的价值及使用范围，消费者就可以在相应范围内直接使用积分。同时，积分还可以作为与外界合作的介质。双方可以彼此提供互惠引流活动。

在一般的会员体系设计中，我们建议采用消费送积分的方式，因为这种方式具有可持续性。如果企业策划一个 8 折活动，通常对利润影响较大，企业不可能持续做这种活动。这就会造成企业有活动时，消费增加，没活动时消费就减少。如果企业想保证促销的持续性并且让消费者有期待，积分是比较好的选择。在一定意义上，我们可以说“积分是企业与会员之间长期双向的承诺”。

4.1 合适的积分发放比例

合适的积分发放比例可以保障营销成本的最优化及用户的长期黏性。积分要怎么发放？应该发出多少积分？从经济学理论的角度来看，可以将边际成本（MC）= 边际收入（MR）作为费用投入的上限。企业每多做一个单位交易时所需的费用就是边际成本。比如，一家面包厂每多生产一个面包所需要的成本就是边际成本。边际收入就是每多销售一个面包所取得的收入。从业务经营的角度来看，企业愿意花多少钱进行促销活动取决于商品毛利。而促销费用不可能多于企业赚的钱。根据这个原则，企业往往会以销售额的一定比例为促销预算。因此，积分总体的发放一般都会参考整个促销预算。积分可被区分为基础积分与促销积分。基础积分是例行性的、长期性的承诺（最少一年）。促销积分则是根据状况发出的。依照实际操作的经验，基本积分是企业发分积分总量的 1/3 到 1/2，剩余的积分作为不同时间段的动态促销积分予以发放。这种固定预算结合分类成本的方法，比较务实且可行性高。

不同行业应该按什么比例发放积分？这是 EMBA 课堂中学生最常提出的问题。如果这个问题没有被思考清楚，它将成为跨商户打通积分的最大障碍。因为一旦涉及积分交换，所有企业都觉得自己的积分比较贵重，其他公司的积分不那么值钱。不同行业的毛利率不同，它们愿意承担的客户维系成本也不同。假设便利店行业的毛利率是 20%，目前在商超行业，大多数企业常用的会员积分原则是消费 1 元发放 1 积分，100 积分可折抵 1 元再次进行消费。参照这个原则：便利店行业发分率（积分的发放率）是 100∶1（积分价值就是 1/100 元）。因为 100∶1 的积分逻辑目前被大多数商超企业使用，所以我们将这一成本率视为该行业可以承受的。但通常在发放积分时企业不仅会考虑成本，还会考虑客单价、积分价值（如果未来需要扩大积分使用范围、建立品牌联盟，积分价值将是首要的考虑因素）等。接下来以商超便利店行业的发分率为参照，假设汽车维修行业的毛利率是 50%，那么汽车维修行业的发分率应该是 50%（本行业毛利率）/20%（基准参考：商超行业毛利率）×（1/100），也就是以 100∶2.5 为发分率；假设餐饮行业的毛利率是 60%，那么餐饮行业的发分率应该是 100∶3。其他行业可以结合这个原则根据自己的毛利率制定发分率。

4.2　积分交换的原则

上述基于毛利率推算发分率的方法，不仅对单一企业具有参考价值，同时对企业之间的积分互换也具有指导意义。我们在经营积分通兑业务时，常常碰到一种现象：所有企业都认为自己的积分更值钱，觉得在做积分交换时，自己的积分如果按照 1∶1 的比例与其他行业积分兑换就会吃亏。我们通常会从经济理论的角度解决这个问题。以上文的发分率数据为例，便利店行业的发分率是 100∶1，如果基于毛利率合理发分，那么汽车修理厂的发分率应该是 100∶2.5。也就是说，会员同样花 100 元，在便利店应该得到 1 元的积分价值，在汽车修理厂应该得到 2.5 元的积分价值。如果进行积分通兑，当会员拿着汽车修理厂的 100 积分在便利店内承兑时，这 100 积分应该可以折抵 2.5 元现金。

如果便利店接受这个积分承兑，便利店每承兑 100 积分，汽车修理厂都应该给其 2.5 元作为补偿。当然，这些分析是单纯假设会员拿汽车修理厂积分到便利店使用，并没有考虑会员是否已经是便利店的会员，否则还要考虑引流费用。

4.3　如何激活会员积分

会员体系的重要性目前已被许多企业承认。国内实施会员体系的企业可能超过 10 万家，但是为什么这些企业的会员大多不活跃？怎么才能让会员活跃起来？这个问题让很多企业家都感到困惑。

企业会员积累积分时不活跃有哪些原因？第一，企业不舍得。这里说的不舍得是指积分发放率过低，有一些企业的发分率是千分之五，甚至还有些企业是万分之五。企业似乎的确做了积分促销这件事，但发分率过低会让消费者感觉不到积分的存在。第二，企业心态不积极。消费者获得积分后，企业不愿意积极与消费者沟通，不愿意告诉消费者其有多少积分、可以用在哪里。久而久之，消费者也就不会把积分放在心上，任由积分过期后被清零。第三，积分兑换场景单一。很多企业声称积分可以当现金使用，但实际上积分只是可以在企业自己的积分商城里充抵现金。如果企业没有比较实际的商品来体现兑换诚意，那么消费者就不可能认可企业积分的价值。最好的方法是扩大企业积分的使用场景，例如可以用积分在当地的超市、便利店、咖啡店等日常消费场景购买商品。

如何评估企业会员积分的运营状况？如果想评估企业对积分的态度是否正确，可以看看其有没有做下面这些事，如果没有做，就表示企业的会员体系有问题:(1)企业有没有可以在会员消费后立即告知其得了多少积分的移动网络应用;(2)企业是否能让会员随时轻松查询积分余额及其现金价值;(3)企业是否在不同的场景或可能产生消费的状况下告诉会员如何赚取更多积分;(4)企业是否根据不同的情景制定不同的积分营销活动，并及时告诉会员怎么使用积分最划算;(5)企业是否根据会员积分的活跃程度，在会员账户的部分积分即将到期或清零前，建立不同的提醒机制。

依照我们的实际经验，运营会员积分其实并不困难，但是需要注意几个基本点，这是企业运营会员积分的基本方向和行动指南。**一是积分当钱花**。许多企业参考银行进行积分运营。银行最常采取的做法是，声称会员积分可以兑换很多好东西。可是当会员进入银行积分商城时会发现，可兑换的商品的标价一点都不低，久而久之，消费者就不会认可企业的积分价值了。企业应该树立正确的积分心态，发放的积分尽可能不被作废清零，必须帮助消费者用掉积分;企业要公开承诺积分发放比例及使用价值，不断扩大积分使用场景，让积分被更多外界商户接受；企业也要确保合作商户在进行积分兑换的过程中提供良好的用户体验，千万不要轻视场景的落地。**二是积分比钱更好用**。积分比钱更好用是要让积分在某些场景下更超值。第一种是积分可以买到钱都买不到的产品或服务，例如在企业争取到某个 IP 在一定时间内的专属合作时，或者是定制修改某个 IP 周边成为企业的独家商品时，让用户只有用积分才能兑换这类产品。第二种是假设原来 100 积分抵用 1 元，在某些情况下相同积分能抵用更多的现金。最常见的形式是定期促销，如会员日积分翻倍使用。**三是积分比钱更**

好玩。企业可以与有“好玩”产品的厂家合作，例如提供专属游戏、某游乐场的独家活动，制作一些小游戏让消费者用积分去参与等。

会员积分是激活会员的重要武器。积分活跃程度就是会员活跃程度的风向标。那么企业应该怎么激活会员积分？

第一，区分基本积分与促销积分。基本积分的发放规则基于发分率的机制而定，是企业对消费者的承诺，消费者在任何时候消费都会得到相应比例的积分。基本积分是企业与会员长期绑定的契约，不可以轻易改变，否则企业将很难获得会员的信赖。相较于基本积分，促销积分则需要保持弹性，它应该按照特定情境发放。促销的普通积分可以当作基本积分，通常通过营销活动产生（比如签到奖励、推荐送积分、特定时间段购物加赠积分，或者会员日消费积分翻倍），可以在企业承诺的所有场景中正常使用。用普通积分作为营销活动的回馈的优点是客户接受度高、运营操作简单、系统无须经过特殊处理，缺点是成本较高。特定商品的积分通常仅能在购买特定商品时使用，其优点是通常会有厂商愿意承担部分促销费用，企业本身的促销成本较低，但相对而言，它对会员的吸引力也有限。

第二，会员分级、分群。在运营会员时我们必须知道哪些客户更重要，对于相对重要的客户一定要重点维护。如果预算有限，钱一定要“花在刀刃上”。如果说企业有 10 个客户，其中有 3 个人每月消费 500 元，有 2 个人每月消费 50 元，请问哪些客户比较重要？当然是前者。因此，如果要分批激活客户，必须优先激活前者。在实际的业务经营中，分群就是客户区隔化，针对不同群体或属性的会员制定精准营销策略。如对于上班族和学生，企业采取的营销策略或激活手段肯定是不同的。

第三，掌握积分临界点。积分临界点是我们在运营会员的实践过程中发现的一种特殊现象。在普通会员和积分账户中有一个关键数字，一旦会员积分超过这个数字，积分就会频繁浮动。一旦积分动起来，会员的活跃度就会明显提高。我们称这个关键数字为积分临界点。既然积分临界点这么重要，我们应该如何确定这个关键数字呢？行业不同，积分临界点的数值也会不同。例如，一般便利店的积分临界点大概是 1200 分（价值 12 元）；快餐行业的临界点会高一些，在 1500 分（价值 15 元）左右。积分临界点有什么意义？观察数据得知，会员的积分积累在 1000 分以下时，他们通常不太热衷于进行积分兑换。到达临界点后，会员会开始比较频繁地消费并且进行积分兑换。因此，积分临界点是用来区分会员是否容易被激活的一个重要标示。

第四，对特定群体用“倾盆大雨”般的促销活动。这里的特定群体是指积分已经接近临界点的会员。假设你所在的行业积分临界点是 1200 分，那么你应该优先激活积分在 800~1100 分的会员，而不是优先激活那些积分远低于 800 分的会员。将积分临界点作为会员分级的标准后，企业还要再分群激活会员。针对不同群体的会员，企业应当采用不同的促销方式。千万不要做“雨露均沾型”“阳光普照型”促销活动，它们通常效果不佳，还会浪费预算。掌握会员的积分临界点，对特定群体下一场“倾盆大雨”，让一部分会员活跃起来，才是激活会员的最佳模式。

第 5 章 会员生命周期经营策略：双沙漏模型

前面几章主要介绍了会员思维、会员政策、付费会员等战略层面的内容，本章进入会员运营的执行阶段，介绍完整且经过验证的客户运营方法论。

5.1 AARR 模型解析

AARR 模型中的四个字母分别代表客户经营的四个阶段（见图 5-1）。第一个阶段是获客，即企业怎样取得新的客户；第二个阶段是激活，即企业怎么激活用户，让用户回到平台；第三个阶段是留客，即如何加强用户黏性，让用户对平台爱不释手；第四个阶段是收益，即在用户养成习惯后，如何收取费用实现盈利。这一模型后来发展为 AARRR 模型，增加了裂变（referral）阶段。优酷、爱奇艺等平台的运营就参考了这一模型。用户在视频网站上发现感兴趣的连续剧后都会愿意继续浏览这个网站，可能会连续观看十几集连续剧。在追剧时，平台会突然跳出一个画面邀请用户成为会员，享受优先多看几集的福利。这时候用户的兴致已经被调动，想多看几集，于是付费成为会员，这一部分费用就是企业的收益。

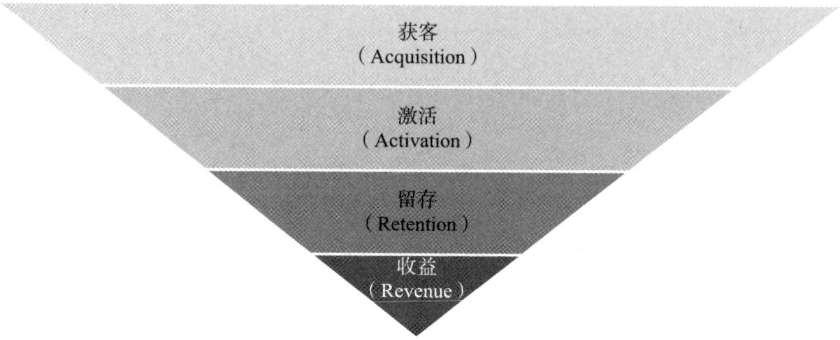

图 5-1　AARR 模型

我们认为，将 AARR 模型套用在视频、社交平台上完全没有问题，但是在有线下传统门店的零售业企业或 B2C 商品交易平台上，使用 AARR 模型就会有一些问题。一个门店或一个网上商城，花大力气把用户吸引过来，难道只是为了让他们在门店或网上商城浏览商品，养成只是来看看的习惯，等到未来有机会再卖东西给他们吗？显然不是。其正常的逻辑是，只要客户到店，门店就要尽量促成交易。视频、社交平台的客户不可能一进入平台就愿意付费，其逻辑是先让用户体验再收费。可是线下门店或单纯的 B2C 平台要做到，只要客户来了，无论买多买少，都要想各种办法让客户产生购买行为。零售行业的营销目的应该是让客户购买，而不只是让其来看看。因此，在智慧零售行业，进、活、粘、值、荐的双沙漏模型更有效。

5.2　进、活、粘、值、荐的双沙漏模型

进、活、粘、值、荐的双沙漏模型遵循什么样的逻辑呢？我们先介绍模型概念（见图 5-2），具体的逻辑及应用会在后面进行详细说明。

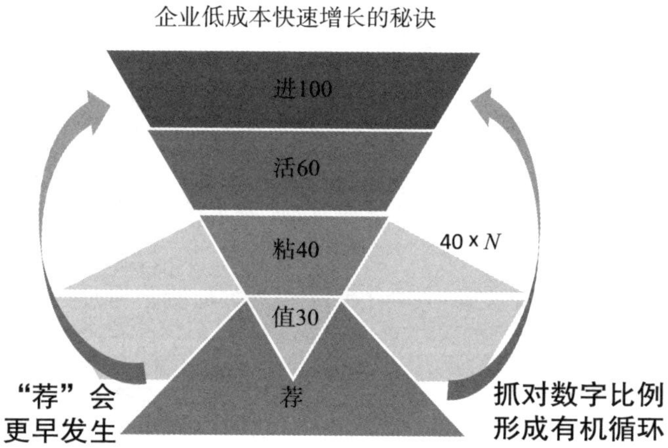

图 5-2　进、活、粘、值、荐的双沙漏模型

在双沙漏模型中，第一个阶段叫作“进”。与 AARRR 模型中的第一个 A 相同，也是获客。传统零售业因为依赖门店位置，寄希望于客户自己上门，所以并不太强调如何获客，但在互联网时代，来客数锐减，门店不能再守株待兔。我们强调的是多渠道、主动式的获客思维。

第二个阶段叫作“活”。AARRR 模型中的第二个 A 也指“活”，二者虽然有同一个字，但是意义不同。AARRR 模型中的“激活”是指用户从注册到活跃，这种活跃只体现在用户造访频率上，并不能产生购买；而智慧零售的

"活"的目标一定是购买。首先是零售行业的会员常常是在门店或自平台加入的，很可能至少消费过一次。其次是零售行业的门店并不像视频、社交平台等有免费内容一直提供给用户，门店也没有太多有趣内容可以吸引客户多次造访、长时间逗留而不产生购物行为。因此，智慧零售通常会将"活"的标准定义为用户成为会员以后的第一次消费。

第三个阶段叫作"粘"。这个步骤在 AARRR 模型里没有相对应的内容，"粘"不仅是让客户留存，因为 AARRR 模型在留存阶段还没有交易生成，而智慧零售行业在"活"的阶段就已有交易产生。我们在"粘"的阶段强调的是重复购买的频次，让会员从第一次消费到第二次消费，再从第二次消费到 *N* 次消费，而且消费的密集度要不断提高，这样才满足"粘"的要求。

第四个阶段叫作"值"。这个步骤在 AARRR 模型里也没有相对应的内容，在我们的模型中，"值"表示创造客户的最大价值，我们需要计算客户的终身价值（Customer Lifetime Value，CLV），并且找到对应的方法将其最大化。

第五个阶段叫作"荐"。这个步骤与 AARRR 模型中的最后一个 R 相似，二者的不同之处在于启动"荐"的时机不同。AARRR 模型强调五个步骤依次进行，最后一个步骤是"裂变"，而双沙漏模型强调"荐"要在进、活、粘、值的任何一步中发生。也就是说，不要等到一个用户完成交易后才开始"荐"，而要在用户一开始处于"进"这一步时就设计"荐"的机制。

进、活、粘、值、荐的双沙漏模型能打造低成本、高增长的零售业企业。

AARRR 模型强调客户经营中静态的先后次序关系，而进、活、粘、值、荐双沙漏模型的重点在于打造一个让零售业企业低成本、高增长的思维模型。请特别关注图 5-2 中的“*N*”（这里用来表示平均每个会员在不同阶段推荐的新会员数），这才是整个模型的奥秘所在。比如，企业吸引了 100 个会员，到“粘”的阶段还剩 40 人，这时 *N* 至少要维持在 2.5，企业才可以不靠外力保持相同的增长速度。也就是说，如果有40个黏性客户留下，并且平均每人还推荐2.5人，这时就会有 100 个新客户进来，企业就可以不再依靠付费广告或投放引流而吸引客户。因此企业在运营会员时不但要紧密追踪正向沙漏每一阶段的成功转化率，还要设计有效的推荐机制，让每一阶段的会员都能主动推荐新客户，同时要关注每个阶段“荐”的目标值，从思维模式上根除营销人员一人负责一段工作的线性分工方式，使每一阶段的工作都有再生的指标。这样的企业才能达到降低成本、快速增长的目的。

5.3　会员经营五步法

5.3.1　会员经营第一步“进”：如何快速获取新客户

在消费者与企业有第一次接触并关注企业微信或安装企业 App 时，无论消费者是否完成第一次交易，企业都应把这个第一次接触定义为“获客”。零售行业对获客的定义与一般视频、社交、游戏或普通内容平台对获客的定义一致。过去传统零售业企业的获客仅依赖门店的地理位置，位置好自然来客多、生意好。近年来，受到互联网的冲击，门店的客流量一落千丈，大多数门店利润变得微乎其微，甚至成了负数。智慧零售此时横空出世，并且经过了扎实的实践验证，自然就获得了许多企业的关注。智慧零售的商业模型到底有什么特别之处呢？答案就是，其获客的思维模式与传统零售业有非常大的差异。接下来，我们将一起探讨智慧零售的多渠道获客思维。智慧零售多渠道获客思维大致分为传统线下营销、数据经营方法、互联网广告这三大类型，这里列举 13 种常见的获客方法，如表 5-1 所示。

表 5-1　智慧零售常见的多渠道获客途径

类型	方法	成本	技术复杂度	扩张性	见效速度	规模
传统线下营销	自然人流	低	低	低	慢	小
	街头地推	中	低	低	快	小
	活动地推	高	高	低	快	中
数据经营方法	会员推荐	低	中	高	快	中
	数据交换	低	中	高	快	大
	数据采集	低	中	中	快	大
	分享传播	低	高	中	慢	中
互联网广告	搜索引擎优化	低	高	低	慢	中
	搜索引擎营销	高	中	低	中	中
	应用搜索优化	中	中	低	中	中
	按销售额付费	中	中	低	中	中
	互联网广告	中	中	低	中	低
	内嵌小程序	低	高	中	中	低

第一类，传统线下营销。这种方式包含 3 种获客方法：自然人流是传统零

售业企业主要的获客方法，因为地理位置合适，就会有自己上门的客人；街头地推是指营销人员主动到交通枢纽、商场等人流聚集的地方发传单或者开展地面现场活动，将人流引导到店。互联网兴盛之前，携程网就是通过派遣大量人员在火车站、公交站、机场等地，向候车旅客发名片并提供电话订票、送票服务等吸引客户的；活动地推也是传统企业常用的获客方法，最常见的是大型企业举办（或赞助）演唱会及展销会，以此进行大型推广活动，小型企业则可以在社区针对闲暇人员进行集中推广，以特定社区人群为目标群体，输出相应解决方案。

第二类，数据经营方法。这类方法具备线上与线下的混合特性，包括以下几种具体措施。（1）会员推荐（Member Get Member，MGM），也叫裂变营销，后文会对此进行进一步说明。（2）数据交换。企业可以向代理商寻求数据支持，只要企业能定义需要触达的客户群体的画像与标签，代理商就可以直接通过短信进行相应推广。另外，企业也可以开展跨行业合作，使用联合举办营销活动或数据营销的方法进行推广引流。（3）数据采集。这种方法在移动互联网上非常流行，可以分为 WiFi 与数据探针两种形式，主要通过进行短信营销，开展招募活动，提升获客效果。（4）分享传播。这种方法在智慧零售环境下也经常被使用。它抓住了人们有社交需求这一特点，通过移动平台与客户互动，例如，利用 App 发布有趣的营销海报，许多消费者会因为有趣而愿意主动传播营销信息。通过用户之间互相的分享、传播，企业便能获得更多的新客。IP 营销、偶像营销也属于这种类型。

第三类，互联网广告。这里简要介绍以下 5 种方法。

1. 搜索引擎优化（Search Engine Optimization，SEO）

SEO 是以百度等平台为主的互联网推广方式，根据搜索引擎的排列规则优化企业的页面内容，进而提高企业网站的加权分与搜索排名。

2. 搜索引擎营销（Search Engine Marketing，SEM）

如果觉得 SEO 见效太慢，希望更快地获得结果、产生销售，企业可以设定关键字的投放、付费提升搜索排名。这样，消费者搜索时就可以优先看到企业的信息。不过，这种投放方式成本相对较高、对关键字的管理也会耗费一定精力。

3. 应用商店优化（App Store Optimization，ASO）

这种广告是在 App 出现之后才兴起的，消费者在寻找特定应用时会使用各手机品牌的应用市场，企业需要在应用市场中定义许多行业或产品的关键词。

4. 按销售付费（Cost Per Sales，CPS）

互联网广告行业有一种汇集几十万个小网站和小社区的平台，叫作“网盟”。在这个广告平台的后台，企业可以选择客户经常浏览的互联网平台，只要选定合适的平台进行合作，让企业的广告出现在这类平台上，目标消费者浏览相关产品时就会看到你的广告。

5. 内嵌小程序

这种方法有些像借人家的舞台唱戏，企业可以想象一下“网红”的做法，许多企业制作了一些IT小挂件或小游戏，然后上传到视频网站或其他类似网站，让消费者点击播放，帮助企业进行推广。

企业可以交叉使用上述营销方法。“获客营销”是一个非常系统的工程，仅知道在哪里可以投放广告还不够，更要关注整个流程管理，这样才能使企业的投入产出比达到最优。建议企业结合以下几点来管理获客营销工作。

第一，精准定位。无论是线上还是线下，企业一定要有精准定位，一定要弄清楚自己的客户是谁，是男的还是女的，是年轻人还是上了年纪的人。企业也可以通过客户的生活方式、购买习惯、商品偏好等定位自己的目标客户。

第二，好的广告语诉求。如何用一句话打动人心？这是国内过去几十年中非常看重的营销概念。好的广告营销概念深入人心，例如“怕上火喝王老吉”“送礼就送脑白金”……在互联网平台，这些营销基础概念仍然有效。

第三，调研从身边做起。分享一个我在行业里多年来养成的习惯：我每有一个新点子，就会先和旁边的同事探讨，听听他们的看法；接下来会在办公室内部进行样本量为20~30的小调研。

第四，选择几个渠道做A/B测试。企业在开展大规模获客营销活动之前一定要先做A/B测试，每个渠道的特性不一样，不要一开始就在所有渠道中盲目进行宣传推广。最好的方法是先选择2~3个渠道，在每个渠道上对2~3种不同的活动形式进行测试，每组活动再设置 2~3 组不同的流程或页面设计。这样大概会形成 10 组以上宣传群体，同步进行小规模测试，通过这个流程，我们可以很快得到比较优质的方案。

第五，渠道组合优化。企业必须对不同渠道的活动结果进行比较。不仅要比较当次活动的销售绩效，更要考察不同渠道来客的复购情况和其未来一个月的购物频次与金额。很多促销活动或渠道都是更关注短期收益的，例如团购、打折。企业的折扣很低时，客户可能会立刻消费，一旦促销力度减弱，客户就会迅速减少。为了追求持续增长，一段时间内的绩效审核非常重要。在了解不同渠道中的客户质量后，企业才可以决定谁是企业长期稳定的客户。

第六，制造会员裂变、确认有机循环。获客营销并不是阶段性、一蹴而就的事情，而是一个系统化工程。企业获得一批新客户后应该尽快推动会员裂变。人以群分，这些新客户的朋友常常也是你的最优目标，因此客户的朋友圈也是获取新客户的重要渠道。

5.3.2 会员经营第二步“活”：如何激活会员

一个有效的会员必须是知情的移动电子会员。移动电子会员就是下载了企业 App、关注微信公众号或小程序的会员，这些会员是我们随时都能快速触达并进行双向互动的。在获客判断标准中还有一个关键词叫作“知情”。消费者若不知道自己已经是会员，当然不会知道积分的存在，这种会员不是真正的会员。

前文提到，零售行业的“活”的目标是注册之后的第一次交易（不包含注册时进行的消费），也可以说“活”是指“从认识到熟悉”的过程。**“活”的第一步是开始交互，其目标是要在会员卸载企业App或取消关注企业微信公众号之前，让企业与会员有更多的互动和接触。**这里还要再强调“会员必须是知情的移动电子会员”的重要性，只有会员满足知情且移动的前提，企业才能与之进行有效互动。要让客户在有购物需求时能立即找到你。用户交互又可以拆分为以下几个步骤。

一是建立双向联系的平台。一个平台必须具备有用、好用、有趣、有利的特点，才能比较容易地与客户建立双向联系。“有用”是指企业的App能提供最重要的基础功能，App的功能在建立初期不用多，只要能让用户很清楚地通过这个平台完成特定目的即可，例如一个生鲜企业的App应该能让用户轻松找到他想要的商品或想去的门店，企业要切实解决客户消费场景中的一些关键痛点。

二是让用户有兴趣了解平台。用户能选择的平台有很多，为什么要选择你的平台？因为它“好用”。一定要站在用户的角度评估产品的用户体验。举个例子，大多数App或微信小程序都沿袭了过去网站的注册思路，用户在注册会员时一定要用户输入手机号进行验证，同时还要填写性别、昵称、出生日期等一系列信息。如果用户刚好有时间，这种要求还可以忍受，但如果用户正在零售网点排队结账，企业还要求用户填写大量信息以完成注册，那就是自找麻烦，也会给消费者带来不好的体验。因此，企业一定要站在用户的角度设计

App 或微信小程序，千万不要沿袭旧有的规则。

三是让用户愿意时时查看平台。企业要在这个阶段让会员养成依赖感，其关键在于“有趣、有利”，例如积分平台要告诉用户怎么使用积分，购物平台要告诉用户怎么获得优惠，娱乐视频平台要有有趣的视频，还有一个关键是内容要不断更新。一旦用户知道平台每周五会更新内容，他们就更倾向于在那个时候打开平台，这样企业就有机会让会员养成习惯。分享、交流也是一个很重要的功能。企业一旦通过 App 或微信公众号培养出一个特定群体，创造了方便用户交流、分享的环境，该群体就会经常来浏览信息。

“活”的第二步是产生成为会员后的第一次交易。这一步很关键，因为社交平台或视频平台的主要价值是社交娱乐，这些平台只要有用户就有价值，而零售行业则不然。零售行业的 App 或微信小程序的用户再多、再活跃，如果没有交易，一切都是浮云。在零售行业，“活”最重要的目的就是产生交易，如果会员经营的第一步做好了，第二步的完成难度应该不大。因为第一步已经让彼此更熟悉，有了初步印象，在第二步中，企业只需要对消费者稍加刺激，就可以达成目标。我们也可以把相应工作进行如下分解。

一是关注。关注的目的就是让会员对企业产生兴趣，让会员对你的商品或服务有一些了解。如果是餐饮行业企业，至少要让会员知道企业有哪些特色菜，这样即使企业的商品是大众化的，通过一些讲故事的技巧，也可以让没有消费过的客户对企业产生兴趣。

二是想要。消费者产生兴趣后，接下来企业就要让他们有更强的消费欲望。这时企业需要做的是让消费者认识到，这些商品唾手可得但又很有价值，这时给他们一些适当的优惠会进一步增强其消费欲望。比如，你可以告诉消费者近期推出了新产品或新活动，让消费者产生直接的消费需求。

三是立即行动。在消费者产生较强的消费欲望后，最关键的是创造一个急迫的场景，例如某个活动或优惠是限时、限量的，或者某个优惠券只限本周末使用，让消费者产生立即行动的动力。

5.3.3　会员经营第三步“粘”：如何提高会员黏性

什么是会员的黏性？如何衡量？比较科学的方法是关注消费者的消费频次以及最近消费的时间是否在合理范围内。假设企业客户原来平均一个月消费 4 次，如果其平均消费次数能够提高到一个月 5 次，总业绩就能增长 25%。与其增加 25% 的新客，不如增加现有客户的消费频次，这样更容易达成绩效，而且成本相对较低。这才是企业运营的最优解。

应该怎样具体理解消费频次，进而达成绩效呢？

第一，消费频次代表消费者的需求程度。如果有两家店铺，一家店的客户 1 个月来 2 次，另外一家的客户 1 个月来 10 次，这就表示消费者对前者的需求只是偶发的，对后者的需求则是刚需。如果是同行业，则代表一家店铺的商品力弱，而另外一家店铺的商品力强。商品力即商品创造利润的能力，一般是指买家需求（转化率）与高性价比（让利）共同存在。零售业激发商品力的要素包括布局经营产品的卖场陈列及销售组合、策划经营产品在卖场内外停留的时段、按照顾客需求的节奏及感知价值来划分区域，并且按照不同主题对促销区进行陈列，保障商品品质、及时开展促销活动、制作相应系列道具来辅助陈列、烘托气氛等。

第二，消费频次代表消费者对企业的信任程度。如果客户偶尔来，可能是因为他临时找不到其他门店。如果客户一个月来了数次，就不是偶然，这代表了消费者对企业的信任。

第三，消费的频次代表企业的获利能力。消费频次高代表消费者对企业商品的喜爱程度高，也代表消费者的信任程度高，这就是企业获利的基础。

第四，消费频次代表企业的价值。在很多的投资案例中，利润收益率（PE）与客户消费频次息息相关。客户消费频次高，相应的企业估值也会比较高。

结合上面这四点，我们来看看怎么管理会员的消费频次。最常用的方法是RFM模型，RFM三个字母分别代表三个关键指标。*R*代表会员最近一次的消费时间，从另外一个角度来解释，*R*也是会员是否流失的指标。如果最近一次消费时间就在昨天，表示这个会员还活跃着。相反，如果最近一次消费时间是一年前，在零售业，这种情况就很清楚地表示这个会员流失了。*F*代表会员在上一个消费周期的消费次数。例如，我们用一个月作为一个消费衡量周期，那么*F*就是上个月的消费次数。*F*不一定以月为周期，也有可能以周、季度或年为周期，周期长短完全取决于行业属性。*M*代表平均客单价，也就是会员每一次来消费时都花了多少钱。

通过这三个指标，我们很容易就能区分高价值用户与低价值用户，其中高价值用户也可以被分为很多种。比如，某个用户偶尔来消费一次，但消费金额很高；或者常常来消费，但每一次消费金额相对较低。对于这两种用户，企业只有采取不同的会员激励措施，才能进一步的提升或保障高价值用户的黏度。举例来说，在一家超市里，消费次数少但是消费金额高的客户可能是企业团购客户，而来的次数多但是每次消费金额低的应该就是个人，对这两种客户的激励方式当然不同。

关于 RFM 指标，我们一般采用 1~3 或 1~5 的数值来评估。“1”表示最差，“3”或“5”表示最好，“2”或“3~4”表示居中，文中以 1~3 为例。*R*、*F*、*M* 可以采用同一评估指标，但应分别进行评估。也就是说，每一个指标都有 1~3 这三个等级。

例如，在评估会员最近的活跃状况或流失状况（*R*）时，“3”就代表最近还来消费过的活跃会员，“1”就代表相当长一段时间没来消费的会员。*F*、*M* 同样如此。具体指标怎么定？我们通常会根据数据计算出 3 个指标的最优值并以此为目标，也就是所谓的全距的范围（但是会剔除数据中的特殊状况）。譬如，针对衡量频次的指标，我们会按照行业特性确定一个合理的消费次数的计算周期，例如超市通常以月为计算周期，便利店通常以周为计算周期，药店可能以季度为计算周期，居家商品店可能也是以季度为计算周期。然后把这个时间除以 3，就可以区分出 3 个层级的客户。如果是计算平均消费金额，一般的方法是把消费金额的前 10% 以及后 10% 的平均值相减，作为“全距”，然后除以 3，进而得出与 3 个层级客户相对应的消费金额。

了解 RFM 的原理后，如何利用 RFM 管理会员黏度才是我们最关心的问题。用 RFM 来管理会员的主要原因是，如果会员基数过大，企业很难关注每一个会员的即时状态，这时企业就需要区分哪些是常来消费的会员，哪些是新会员，哪些是重要会员，其中谁是正常、稳定的，谁具有流失风险，需要采取行动挽回。明确区分会员的不同群体特征后，就可以根据不同群体的特征进行有效营销及互动。

首先，找出谁是重要客户。我们可以根据 F 与 M 的指标找出重要客户。$F \times M$（消费频次 × 平均客单价）就是会员在一段时间内的消费总额，$F \times M=9$ 的客户，就是最重要的客户；$F \times M=6$ 的客户，是第二重要的客户，以此类推，$F \times M=1$ 的客户，就是最不重要的客户。除了 $F \times M=9$ 的客户，我们又可以区分出频次高但是客单价低的客户或者客单价高但是频次低的客户。

其次，发现关键的问题客户。所谓关键的客户就是重要客户，重要性是以 $F \times M$ 为标准的，一般情况下会把 $F \times M$ 的结果在 6 以上的会员视作重要客户。而问题客户就是有流失的迹象或已经流失的客户，如果 R 是“1”，那么他的流失倾向就已经很明显。如图 5-3 所示，我们区分了优质客户以及流失的重要客户。对于前者，要给予特殊良好的体验；对于后者，要了解他们产生不满的原因并且启动留客方案。至于 RFM 三个数字均在 1~2 之间的客户，就是一般的会员。RFM 三者都低的通常是新客户。

√ ***F/M*** 为“3”表示频次高、金额大的重要客户

√ ***R*** 为“3”表示最近还有消费，“1”表示有一段时间没消费，可能已流失

	R	***F***	***M***
新客户	1	1	1
	1	2	1
	1	1	2
流失的重要客户	1	2	2
	1	2	3
	1	3	2
一般客户	2	1	1
	2	2	1
	2	1	2
	2	2	2
	2	2	3
	2	3	2
	3	1	1
	3	2	1
	3	1	2
优质客户	3	2	2
	3	2	3
	3	3	2

图 5-3　用 RFM 区分四类的客户

最后，除了找出重要和优质的客户并给予特殊关照，对于一般客户，我们的重点是提高其消费频次（针对 F 为 1~2 者）或者提高平均客单价（针对 M 为 1~2 者）。提高客户的消费频次是一个“战略问题”，而提高平均客单价则比较像一个“战术问题”。企业想提高平均客单价，大多要采用短期的促销方案，

而提升消费频次则要有战术和战略方面的考量。对此我们提出三个供读者参考与思考的维度（见图 5-4）。

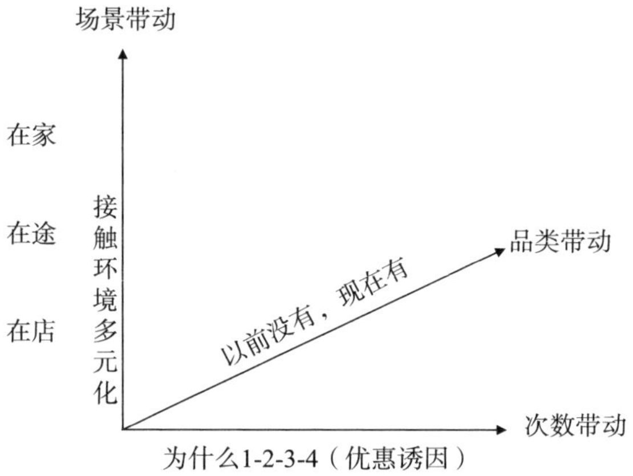

图 5-4　如何提升消费频次的思考框架

第一个维度，次数带动。次数增加仍然属于战术问题。纯消费次数的增加就是在每个计算周期中，消费者的消费次数从 1 次提升到 2 次、2 次到 3 次、3 次到 4 次。这就是纯粹的消费次数增加。简单地说，次数带动就是把目标定为把每个会员的消费频次都提高一次。最常见的做法是，在客户进行消费时，企业就马上开始行动，吸引其确定再来进行消费的时间。例如，消费者完成这次消费后，立即得到一张可在一个月以内使用的优惠券，同时在这个月的最后一周发送一个关于优惠的信息。如果消费者（已消费 N 次）当月消费满 N+1 次（这里的 N 是个动态数字，通常是不同用户当月累计的消费次数），可以得到一个特殊奖励。通过单纯的“次数带动”经营会员的周期性指标必须是 N+1，而且要成为团队的重点绩效指标。这样所有人的思维才会朝着 N+1 的方向努力。

第二个维度，品类带动。这个问题就属于战略问题，因为它会涉及企业经营的商品的品类结构，其核心是思考企业还能增加哪些消费场景。在大部分行业中，企业经营品类的改变大致可以分为两种。第一种，以时间为基础的商品品类改变。例如，肯德基原来以炸鸡闻名，所以餐厅在中、晚餐时段爆满是很正常的，但是餐厅在早餐时段却一直门可罗雀。最近几年，肯德基努力扩充不同时间段店内相应的产品品类，引进许多中式早餐食品，例如皮蛋瘦肉粥、油条等。一个美式快餐品牌能如此求变，其客户消费频次的增加也是必然的。第二种，商品内容的改变。宏观社会结构的变化或许会导致商品内容发生改变，比如年轻人虽然忙于工作，却想能自己煮一顿晚餐，由此，便利店或超市的产品可以从即食食品延伸到半成品食品。这种思维的宗旨就是把原来门店销售的品类扩大，满足另一种需求，这样会员的消费频次当然也会上升。

第三个维度，场景带动。这个维度是智慧零售最主要的应用范畴。典型的案例是盒马。过去消费者必须到门店才能吃饭、购物，而现在，消费者多了一种选择；以前在电商平台上购买的商品通常隔天才能送到家，现在盒马推出了 30 分钟产品送到家的概念。一家门店的服务范围从门店本身骤变为门店周边范围，商品内容不仅有外卖，还包含一般日用杂货与方便食品。这种创新虽然看起来提高了成本，可能会赔钱，但是确实再一次改变了消费者的消费习惯。扩大消费场景，会员的消费频次当然会增加。

企业提升用户黏度有三个重要武器。上文分析了怎么追踪客户消费黏度，从战略层面分享了如何增加消费频次。而在实践的执行层面，企业有三个提升用户黏度的重要武器。一是良好的会员制度。设计会员制度时的重点一定是能吸引用户，让会员觉得自己能得到优惠，喜欢来店消费。提供积分、优惠、特权等，都是建立会员体系基础的关键因素。二是善用交互的工具（App 或微信小程序）。企业要聚焦市场及用户的需求，解决行业痛点，进一步延展挖掘用户的潜在需求并提供解决方案。三是有计划地联系客户。企业要把会员当朋友，在三个特定时机做好联系。第一个时机是问候，比如会员的生日、过年过节时。第二个时机是感谢，企业可在会员消费完立即表达感谢，以小礼物作为谢礼，并且给消费者一些优惠券让他下次使用。第三个时机是提醒，例如积分到期、补货到货等，企业在提醒时应做到及时。根据以往的实践经验，精细化地做好这三件事，会让提升会员黏度事半功倍。

5.3.4　会员经营第四步“值”：如何创造会员最大的价值

我们一般用两个指标衡量会员的价值，本节我们将介绍这两个指标的概念、理论以及应用。每用户平均收入（Average Revenue Per User，ARPU），电信行业最先使用这一名词，后来该名词被一些网络平台引用，现在该词在更多的行业成为通用名词。在智慧零售中，ARPU 是指一段时间内每个用户平均带给企业的收入，计算公式是月度或年度总收入 / 用户数。ARPU 以总收入计算，不考虑成本与其他因素，它的计算较为简单，而且没有争议。当下主流的衡量平台价值的方法是“会员数量 ×ARPU”。因此，ARPU 常被用于比较平台的价值，它是衡量用户在一段时间内的消费情况的非常重要的指标。CLV 考虑了完整的用户生命周期，包含用户的获取和流失。也就是说，它计算的不只是眼前用户已经产生的价值，还预测了其未来价值。它是另外一种常见的衡量会员价值的指标，相较于 ARPU，CLV 具备更完善的理论基础，更能衡量用户实际上对企业损益情况的贡献。CLV 关注交易价值，而 ARPU 侧重平台价值。这里举一个用 CLV 进行投资评估的案例。

CLV 用于做投资评估的案例

我负责过当时全球第二大的 B2C 网站的中国区业务。任职期间，企业年增长率高达 6~10 倍，这其实归功于我对 CLV 的应用。在我负责该公司中国区业务之前，美国总部每年都会按照总部会计制度的逻辑及 KPI 的考核方法来要求中国区的业务运营，按照计划收入的固定比率投入成本。当时的董事长出身华尔街，习惯于用会计制度来管理企业。但是，年度预算形式这一会计制度一般更适合管理成熟的企业，对于正在高速发展初期业务来说，这种制度就成了成长的桎梏，其主要问题就在于对市场费用的核算。

中国区的市场费用是在预测年度收入后划拨固定比例的费用。对于一个处在高速增长期的网站来说，如果每月市场费用是“固定金额”，很可能制约业务发展。因为在上半个月销售量猛增的同时，市场费用很可能在上半个月就已超过当月预算，那么市场部门只好放缓节奏，等到下个月再“重振旗鼓”。在我就任前的几年，中国区的业务就因为这种预算管理模式，活活地被卡在一个范围内无法大幅增长，业绩上限常常受预算数字限制，几年来动弹不得。在接手相关业务后，我发现这是个比较大的问题，于是我和当时美国总部的董事长围绕 CLV 进行沟通。我告诉当时的董事长，按照 CLV 来计算，对于那些通过市场投放获得的新客户，我们在获客后第 6~7 个月就已获得超过成本的利润。中国区其实只是向总部借了半年的市场费用，半年后这个费用就还给总公司了。

有了这样的分析说明，这位财务出身的董事长同意，只要我能维持过去的客户单价、毛利率以及重复购买次数，我可以任意使用市场费用，没有固定金额的限制。当时的董事长之所以那么慷慨，就是因为 CLV 证明了我的陈述。在董事长的授权下，我们开始放心大胆地进行营销和用户经营，最后 2 年内营业额增长了 7 倍。这就是 CLV 的意义，它可以精准计算每个客户的价值，在做有关市场活动的投资决策方面是最科学的方法之一。

CLV 的计算公式有很多，有的相对复杂，这是因为客户流失率的影响因素相当多，也有一些计算方式会加上投入成本、价值变化和利率变化等。在一般情况下，零售业企业在计算 CLV 时，只计算 1~2 年内的数据。因为 2 年内商业模式的逻辑的可预测性比较高，尤其是 1 年内的数据是很精准的，而超过 3 年的数据就可能和现实差异就比较大了。这里我们还需要了解四个名词：未来收益、获客成本、维系成本、净现值。其中未来收益（收入 – 商品或服务的成本）、获客成本、维系成本就是为了促使这个会员产生更多的销售额而对客户进行的激励、奖励或营销所产生的成本。例如，在会员生日、门店周年庆时给予会员的特殊优惠。CLV 是一个客户未来每年能产生的收入扣除成本以及维系费用后每年现值的加总，在财务上我们称之为净现值（Net Present Value，NPV）。我推荐一种相对简单的计算方式：CLV=NPV（未来 N 年的收入 – 成本 – 维系费用）。

CLV 是一个很重要概念，可以被用于客户分级管理，更重要的是可以作为做出营销投入决策的标准。假设你的市场总监建议你做某项目，它能为企业创造 5 万名客户，但是需要投资 50 万元，请问你要不要同意？如果你懂得 CLV 的概念，只要让市场总监计算这个活动产生的客户在未来 2 年的 CLV 是多少，就可以决定是不是要做这个项目。当我们有多个营销项目同时被提时，CLV 更可以把复杂的问题简单化，让你快速决定选择哪些项目，放弃哪些项目，既科学又简单。这样，我们常说的“创造客户最大的价值”，就不再是口号，而是实实在在的事情。

5.3.5　会员经营第五步“荐”：会员裂变营销

会员推荐，顾名思义就是通过既有会员的推荐而产生的新增会员，其关键是让消费者通过社交媒体将优惠与福利分享给朋友，满足消费者之间联系感情等目的。它通常又被称作裂变营销，是目前互联网中对消费者行为影响最深的一种营销模式。裂变营销让企业可以用较低的成本获取用户，受到许多营销人员的认可。而它的崛起十分依赖互联网社交媒体的力量。不管是早期的博客（Blog），还是后来的微博、现在的微信，社交媒体一直随着社会环境的变化不停转变。现代营销人员需要紧盯这些社交媒体，尤其是微信、短视频媒体或直播媒体。想加强企业在这些媒体平台的影响力，就要不断生产新的功能和内容，最终通过不同的场景发挥既有用户的力量，为企业创造更大的价值。

开展裂变营销的前提是用户自己满意。裂变营销听起来很好，但是想要产生效果也有一定前提。我们在启动裂变营销之前，需要注意产生裂变的基础。相关学者对于裂变营销有一个很有趣的研究，那就是消费者满意程度的高低与其推荐意向呈非线性的关系。如果我们把消费者的满意程度分为五级——非常不满意、不满意、一般、满意、非常满意，当消费者的满意程度是非常不满意、不满意、一般时，向朋友推荐的概率基本趋近于零；是满意时，向朋友推荐的概率大概是 20%；是非常满意时，向朋友推荐的概率是 50%。另外一项研究显示，如果在非常满意的基础上，消费体验超出消费者的期待，则会有近 80% 的人在社群中很兴奋地与朋友分享。所以在开展裂变营销之前，一定要记住一个基本的原则——客户体验是最重要的，与其耗费精力设计宣传内容和激励政策，不如先花点心思先让现有用户的体验达到极致。

让用户愿意积极参与裂变的前提是拥有较高的客户满意程度。另外，还要分析用户的裂变动机，这方面的研究也非常多，裂变动机大致可以分为以下四种。

第一，体现身份。这是社会营销最重要的动机之一，特别是其涉及知识领域。人们希望朋友认为其是某领域专家。在数码产品领域这种现象最常见，很多人愿意花时间看论坛、帮群里的人解答疑惑。这样做并不一定是受经济利益驱动，大多数人就只是为了让别人知道他很懂行或他是某个领域的专家。一些企业利用人们的这种心理，不仅拥有了大量的专业内容，同时也吸引了很多品牌方投放广告。因此，体现身份是开始裂变的比较重要的动机之一。

第二，与他人维系关系。我有一位朋友，他以前是某企业的总裁，退休后他会定期在朋友圈发照片，告诉大家他现在又在地球的哪一个角落活动，这让他朋友圈里的人羡慕不已。这样的人通常不会想炫耀身份，他主动分享这些游历经验就是为了与他人维系关系、和同频的人产生话题与共鸣。另外，微信红包最初也是基于人们喜欢发红包，尤其是喜欢在过年过节时发红包的心理诞生的，发红包既是一种礼节，也是在维系亲友间的情谊。

第三，分享荣耀与喜悦。关于分享荣耀，Keep 是一个极佳的案例，它是一个运动健身 App，其中有各种不同难度、训练不同身体部位的运动，如俯卧撑、仰卧起坐等。如果是一个人在家做俯卧撑或仰卧起坐，往往会觉得枯燥乏味。Keep 基于此设置了多种难易度不同的训练课程，并且允许用户分享自己今天完成的课程、实现的目标。这就是分享荣耀，其核心概念是让用户在完成各种难度的目标后有“喜悦的感觉”，这时候人们就有分享的动机。

第四，分享价值或利益。分享价值或利益是把有价值的内容分享给朋友，一些打车 App 就常用这种模式，一个人打完车后 App 内就会生成优惠券，用户可以把这些优惠券分享给朋友。知识付费也是如此，例如，用户听完一个课程，平台会建议用户把这个课程分享给朋友，这样用户的朋友也可以免费收听这个课程。如果被推荐人听完课程也产生了兴趣，就可能成为一个新的用户。

上文中我们是从裂变者的角度来看裂变营销，但是这还不够，因为裂变行为还涉及另外一方，就是被裂变者。被裂变者是否容易接受裂变甚至是否能再产生裂变，也是裂变应该关注的重点。如何让其更容易接受裂变？首先，要看感情深浅。例如，大家或许常常收到类似领英等平台推送的添加好友的邀请信息，但你不一定会接受这些邀请。如果对方是很久不见的老朋友，你可能会接受邀请；如果对方是你熟悉的朋友，你也比较倾向于接受；但如果是其他人，你可能就会拒绝或忽略。这种拒绝或忽略对平台来说看似无所谓，可是推送的信息多了就会让用户反感，所以在和用户情感较浅时企业在推送信息时还是要谨慎些。其次，要看利益分配是否恰当。如果推荐信息中包含一些利益激励，裂变效果可能会好些，但这种利益分配最好兼顾裂变者和被裂变者。如果只有裂变者即推荐人能够获得利益，这时推荐人可能会担心朋友知道后会影响双方交情进而不愿推荐；如果只有被裂变者即被推荐人能获得好处，那么推荐人怎么会有推荐的动力？只有双方都有好处，结果才会更好。最后，操作不要太麻烦。很多人愿意向朋友推荐，可是这种愿意仅限于举手之劳，如果推荐流程太复杂，效果就会变差。

从推荐人和被推荐人的角度审视裂变营销之后，我们对于如何开展裂变营销的活动就有了一定的思路。接下来分析裂变营销在实践的应用。App与微信是两种具有不同特性的裂变介质，App中的裂变可以由企业完全主导，设计企业专属的裂变模式。微信及其周边生态平台开发了很多的裂变工具供用户使用，企业在其中无法随心所欲地进行专属裂变，但可以立即着手开始裂变活动，而且推荐者、被推荐者都在微信生态内，反应速度和产生效果的速度也会更快。接下来我们将分别讨论基于这两种介质开展的裂变营销。

App中常见的裂变营销模式有六种。

第一种，分享裂变。分享裂变可以说是最全面的裂变。如前文所述，分享裂变包含利益分享、知识分享等。利益分享的典型案例是打车App，App会在用户打车后给出优惠，让用户把优惠信息分享给朋友；知识分享的典型案例有樊登读书、喜马拉雅等，这些知识付费平台都是常见的案例。

第二种，红包裂变。微信红包裂变应该是最经典也是最成功的一个活动。在几年前的除夕夜，微信红包通过裂变绑定了数亿个用户，这是支付宝花了几年时间才积累出来的用户数。不过红包分享很可能涉及“价值”交换，如果红包机制做得不够严谨，可能会被有心人找到漏洞谋利。因此，企业在进行红包裂变时一定要建立各种可能的防范机制，同时要保证良好的用户体验。

第三种，IP裂变。IP裂变就是找名人或著名IP，借用他们的力量引发传播。这种模式是四种动机的混合。它的底层逻辑还是体现身份或者分享价值或利益。例如，某个分享圈里的用户都是同龄人，他们都喜欢某个影星或是某个卡通人物。这时候企业可以通过共同关注产生裂变。

第四种，亲情裂变。因为亲情裂变常常涉及双方利益的共享，所以裂变人之间的关系必须很近，最常见的方式有支付宝的亲情号等。

第五种，团购裂变。过去的团购是由平台出面，代表一群消费者与卖方谈判并提供价格，然而团购网之所以失败，就是因为平台“叫价太狠”使卖方却步。过去的团购模式如同车拉万马。团购网一方面要去找产品、和卖方谈判，另一方面还要自己花钱获取流量。新的团购模式是裂变模式，不同价格的产品放在那里，有兴趣的人可以自己找人来团购。这种团购裂变的模式很巧妙地将买家变为企业的“销售人员”。

第六种，朋友裂变。这种裂变的典型平台的就是领英，其让现有会员与电话簿中的朋友共享一个联系平台。朋友可以第一时间知道你的新动态。

微信生态中有很多专属的裂变功能也能让大家轻松启动裂变活动。一是众筹裂变。通过聚集大家的力量，达到某个目的。二是爱心裂变。微信在建立初期就开始应用这一裂变，例如通过“爱心漂流瓶”在朋友间分享传递爱心，同时也吸引其他用户。三是卡券裂变。这种裂变与红包裂变相似。

会员是企业的核心资产和生存根本。本章中我们分享了如何制定一套持续增长的会员体系，搭建付会费的会员体系；同时，分享了会员积分的逻辑及全生命周期经营的进、活、粘、值、荐的双沙漏模型。相信做好这部分工作后，企业会成为行业中的标杆。

第3部分

新兴技术在智慧零售中的应用

随着市场的发展及科技的进步，越来越多的技术开始被应用于商业的发展，如大数据、人工智能、区块链、物联网等。在第3部分，我们主要介绍大数据和人工智能技术对智慧零售的影响及其在智慧零售场景中的应用。

第 6 章

大数据及其商业化应用

本章要探讨的是大数据以及支持智慧零售的 IT 技术架构，重点探讨大数据如何赋能智慧零售，怎样帮助企业既快速增加新客户，并提高老客户的价值，本章还会解读支持智慧零售的 IT 技术架构。本章内容虽然无法帮助你成为数据科学家或进行深度的数据分析与挖掘，但是其中介绍的关于大数据的知识以及管理大数据业务时所需要的思维和方法，足以支持一个企业管理者经营企业的数据价值。现在人人都讲大数据，很多企业也都会谈及自己的大数据能力，那么到底什么是大数据，企业为何需要大数据的能力？

6.1 大数据的特点与分类

随着大数据的发展，大数据中的“3V”概念逐渐被人们接受。这个定义在 2001 年由高德纳（Gartner）的分析师道格 · 莱尼提出，2012 年，高德纳修改了该定义。第一个 V 是数量（volume），就是新一代大数据积累的数据量大，所以叫作大数据。具体的数据组成可以参考图 6-1。第二个 V 是多样化

（variety），是指数据结构和数据来源的多样化。数据从单纯的结构化，逐渐演变成准结构化、半结构化、非结构化，数据来源也从内部交易数据发展到外部行为数据，甚至扩展到各个不同阶段的网络声量，因此数据的来源及形态就变得非常多样和复杂。第三个 V 是速度（velocity），是指数据生成的速度以及数据处理部门被要求的反应速度。过去，我们每天只有几笔交易，甚至都不一定需要当天结算，有时只要按月结算即可。现在，在每一笔客户来店交易发生的瞬间，信息就会通过 POS 机传送过来，后端就要立即处理并反映应给予这名客户多少折扣。如果你只拥有一家门店，这当然不是什么大问题，如果你有 1000 家或 1 万家门店，其难度可想而知，这会要求门店交易的数据生成速度要非常快，因此对数据处理和快速反应的要求就会非常高。

总结上述大数据的特点，我们对大数据下了一个定义：大数据是企业从更多元化的数据源，更快速地获取多种形式的数据，并加以积累、储存、应用。它既包含企业的内部运营数据，如商品数据、用户数据，以及与客户交易交互过程所产生的数据等，又包含企业直接或间接收集、获取或交换所得到的外部数据。

接下来，我们主要介绍多样化这一特点。大数据的多样化可以被解释为数据来源的多样化，然而数据来源的不同也会造成数据结构或类型的不同。这里引申出所谓的数据结构化程度，是指数据是否有预定的格式。通过预定的格式，我们可以知道这种数据的数量（多少笔数据）、每一笔数据的长度、其中又有多少栏位，每个栏位是由数字、文字还是符号构成，以及每个栏位的长度。这些规则越清楚，数据的结构化程度就越高。一般我们以数据结构化程度对数据进行分类，结构化程度从高到低可以分为四类：结构化数据、准结构化数据、半结构化数据、非结构化数据（见图 6-1）。

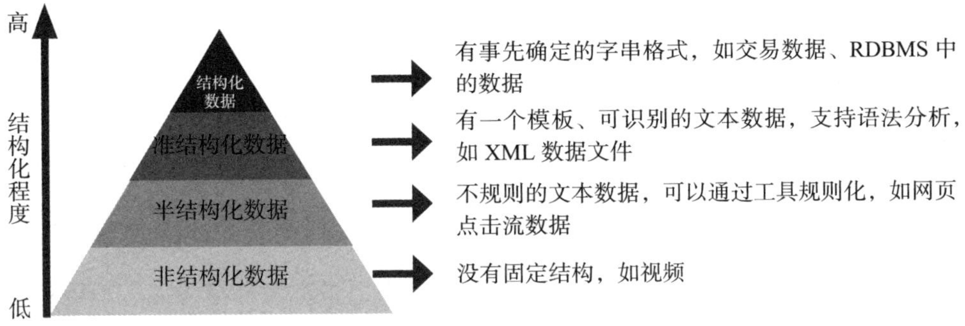

图 6-1 大数据环境下的数据类型

1. 结构化数据

结构化数据是四种数据类型中结构化程度最高的，例如企业的交易数据。在一般在零售环境中，结构化数据的来源之一是 POS 机传送过来的数据。从 POS 机传送过来的数据，一般有事先确定的字串格式，包含对内容的约定以及对每项内容格式的约定，我们可能会将这些数据转入关系数据库管理系统（Relational Database Management System，RDBMS），供将来查询使用。还有一种结构化数据来源是线上电商平台的交易记录，其一般被直接储存到基于结构化查询语言（Structured Query Language，SQL）[①] 的关系型数据库中。除了交易

① 是一种数据库查询和程序设计语言，用于存取数据以及查询、更新和管理关系型数据库。——编者注

数据，企业的商品数据（如商品代码、名称、重量、体积等）、库存数据（如库存数量、存放位置等）、财务数据、生产数据（如生产日期、批次号、材料号等）也属于结构化数据。这是目前企业内部运营产生数据的主要类型。

2. 准结构化数据

准结构化数据通常指有一个模板、可识别的文本数据。它支持语法分析，如可扩展标记语言（XML）数据文件，具有事先定义的结构模板，但并不像交易数据那样严格定义每个栏位的属性、长短，所以被称为准结构化。其最常见的形式是一般的网站页面，呈 HTML 格式，在固定的位置上会显示出特定的数据。例如，一个用户注册页面的最上面可能是账号，下一行是密码。我们收到数据时，并不确定消费者会输入什么格式或长度的数据。例如，账户名称是消费者自己定义的几个字，我们无法确定具体名称是数字还是文字，这类数据被称为准结构化数据。

3. 半结构化数据

半结构化数据通常是指那些不规则的文本数据，可以通过工具规则化，它的结构化程度更低。典型的半结构化数据就是网页的点击流数据。网页的点击流记录了用户进入网站的位置、落地页面、二次点击后的跳转页面。每个用户进入网络时的落地点以及后续点击页面，通常都不是事先约定好的。我们可以凭借数据记录的分割符号，积累个别用户的网上浏览行为记录，这类数据被称为半结构化数据。

4. 非结构化数据

非结构化数据没有固定结构，是结构化程度最低的数据，最常见的是视频内容，因为我们事先完全不知道一个视频的内容、长度。例如，商场内部设置的摄像机拍摄消费者进店后的所有行为的视频、街道上设置的摄像机拍摄的监控内容，都属于非结构化数据。我们要想从中获取内容，就必须对视频内容进行辨识，这就需要人工智能技术协助人们进行判别。

6.2　如何建立大数据平台

本节我们将开始讨论如何建立大数据平台。首先要对大数据平台与大数据加以区分。上文中的大数据，是指一个储存平台中的数据库。大数据平台是收集处理、储存、分析、运用大数据的整套机制。大数据平台包含三个层次的元素（见图 6-2）。

1. 装备设置层

装备设置层就是数据的获取机制，分为结构化的数据获取机制和非结构化的数据获取机制。什么是结构化的数据获取机制？举个例子，我们在零售系统环境中进行一般性的业务操作时，需要从销售终端（POS）、企业管理软件（ERP）中获得这些数据并导入数据库。这些数据会经过数据格式的转换处理，然后才被储存进数据库，这一过程一般被称为数据仓储。

2. 数据储存层

数据储存层包含两大类型的数据库结构，一是数据仓库（Data Warehouse），用来储存所有部门共同使用的大量数据，其特点在于体系庞大、完整。二是数据市集（Data Mart），专门为个别部门或个别使用情境发展出来的数据分库。

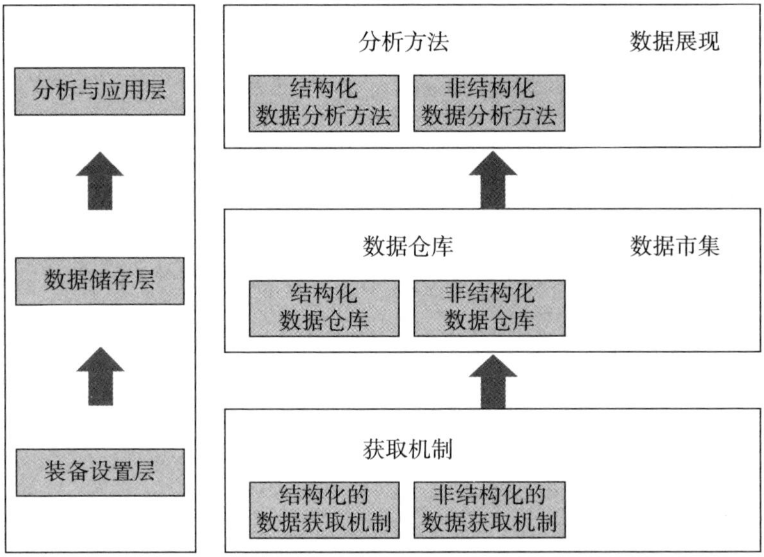

图 6-2　大数据平台的层级结构

3. 分析与应用层

分析与应用层主要包含一些分析方法；分为结构化数据分析方法与非结构化数据分析方法，如统计功能、数据挖掘功能。该层还包含数据展现，如报表、战情中心等。

至于数据获取（即数据收集处理）通常是物联网以及商业设备的工作，后面我们将花较长的篇幅说明数据储存层以及分析与应用层。本节先讨论数据存储层，即数据仓库。

6.2.1　大数据平台的建设是一个战略过程

常常有一些学员提出疑问，他们认为建立大数据平台是一个只涉及实操与技术的工作，为什么要在 MBA 或 EMBA 的课程中讲授？事实恰恰相反，大数据平台的建设绝对不只涉及实操与技术，相对而言，技术端的工作比较简单，真正困难的是非技术的工作。大数据平台建设是一个企业制定发展战略的过程。既然是制定战略的过程，那么大数据平台的建设就必须依照我们在制定的行业或企业的战略规划时步展开（见图 6-3）。

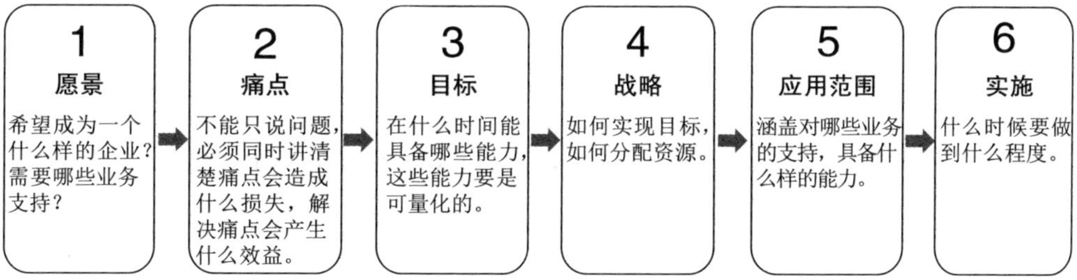

图 6-3　大数据平台战略规划的过程

愿景：我们希望成为一个什么样的企业，这一构想需要哪些业务支持。例如，企业的一个愿景可能是打造一个生态型组织，另一个愿景是成为具有匠心、能打造完美产品的企业，这两个愿景需要的大数据平台是完全不同的。如果企业的愿景是打造生态系统，更多精力应该被投入建立开放式的共享大数据以及更全面、深入地了解用户画像。如果企业的愿景是打造完美产品，对于大数据的需求就应该侧重生产环节。显然，二者之间具有较大差异，企业的愿景不同必然导致大数据框架不同。

痛点：基于愿景确定的实施方向，目前企业的数据能力还存在哪些欠缺，这些欠缺将对业务发展造成哪些问题或阻碍。企业还要思考如果这个问题无法解决，会给企业带来哪些损失；如果解决了，将产生什么效益。我们需要特别关注的是，分析痛点不能只说问题，必须同时讲清楚痛点会造成什么损失，解决痛点会产生什么效益。这样痛点才是“真的痛”，而不是“无病呻吟”。同时，还要能说清楚这个痛点对于我们关注的事情有多么重要。企业的愿景必须以业务痛点与用户需求为指导方向，避免形式主义或人云亦云的大数据建设。

目标：这里的目标并不是指一般业务上的绩效目标，而是企业的大数据平台在什么时间能够具备哪些能力，并且这些目标能力要是可量化的。

战略：企业将如何实现目标，如何分配资源，哪些工作企业可以自己做，哪些工作可以外包给别人或需要找专业机构合作。

应用范围：这是一个比较完整的大蓝图，企业的大数据涵盖对哪些业务的支持，具备什么样的能力。有很多企业管理者在建完数据仓库后，常常质疑：为什么我们的数据没有完全打通？为什么我们得不到某些数据？也有一些人存在“数据仓库建好后就天下太平，无所不能”的想法。这是错误的观念。大数据系统不是万能的，它只是经过精密规划的获取、处理、储存数据的流程。每一个系统一定有它的边界范围，超出这个范围，对数据的获取、处理就需要被重新定义。大数据系统的规划开始于痛点，延伸至应用范围，目标和应用范围是在解决一些特定的业务痛点。当新的需求超出这个应用范围时，系统中就会缺乏一些数据，这时就需要根据市场和业务的发展重新定义与优化数据。

实施：具体阶段性工作的各个节点和里程碑，即什么时候要做到什么程度。

6.2.2　会员数据标签的意义与价值

会员数据标签，又称用户的360度画像，是指用很细的颗粒把客户的各种属性都区分出来。例如，对年龄、职业、工作地点、居住地点、生活风格、消费习惯等属性进行区分。会员数据标签就是在会员的档案中加上各种属性栏位，按照数据挖掘方法，赋予会员每个属性栏数位值。有了这些标签，企业在发起任何定向的活动时都能很快找到相对应的目标群体。

如何设计会员数据标签？会员属性有很多种，属性标签数量越多，企业就能用越细的颗粒区分会员。这么多的会员属性应该如何设计？基于营销学的理论并结合过去几年为大型零售业企业建立数据标签的实践经历，我验证出三种可行性极强的会员标签发展思路，整体思考架构如图6-4所示。

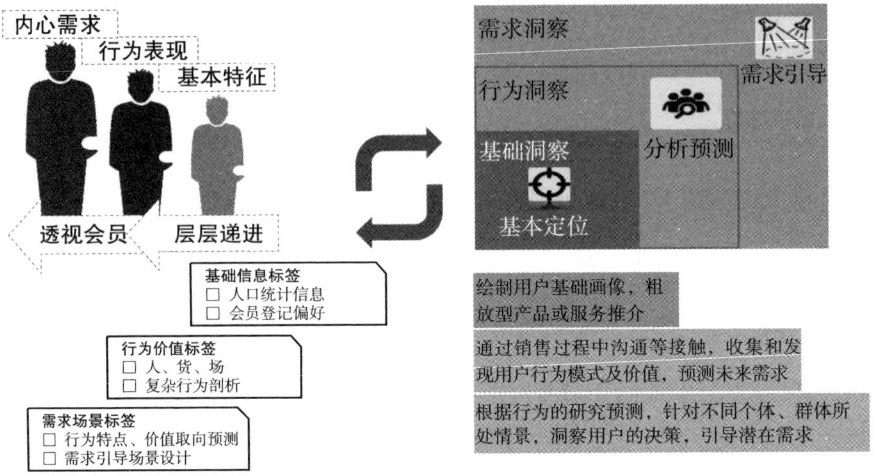

图 6-4　发展会员标签的思考框架

第一种，基础信息标签，即会员的基础信息。基础信息标签主要是指人口统计信息和会员登记偏好，如性别、年龄、居住地区、上班地区、身高、体重等。用这些最基本的信息区分不同客户群体的方法，通常被用于做粗放型的产品或服务推介。

第二种，行为价值标签，即客户的行为记录。这种标签是对会员行为的进一步洞察，常常被用于预测用户行为，包括交互行为、购买行为、商品偏好等。通过这些标签，企业可以对会员的消费行为进行预测。通过销售过程中沟通时对客户偏好与行为方式的了解，或者客户的网上浏览行为，企业可以了解其对什么有兴趣、看了什么内容。这个时候的重点在于构建人、货、场的关系。通过这些信息积累，企业能深入了解会员的购买决策。

第三种，需求场景标签，即对客户的行为预测。这是对会员的内心进行洞察所产生的数据，主要是会员的行为特点、价值取向等。例如，这个人是自由职业工作者还是朝九晚五的上班族，是追求时尚风潮，还是追求价格取向，这些信息在数据层面是看不出来的，需要对更多场景数据进行更深入的观察、取样，才能归纳和设计出这些属性分类与场景标签。

零售行业会员标签案例

我们在多个企业及项目中，通过积累经验发展出了通用数据标签体系。这个数据标签体系结合了大数据标签管理的深度理论，并在零售行业的实践中经过多次验证。它融合了营销学以及概率学中的多个理论，是一套非常实用的会员标签体系。这个数据标签体系将标签分成六大类：身份象征、生活风格、消费行为、社交行为、商品偏好和 RFM（可参见第 18 页图 1-4）。

身份象征包括两种类型：第一种是人口统计变量，这是进行客户区分的最基本数据，如性别、年龄、居住地点等；第二种是对人口统计变量的深度挖掘，如把上班族细分为年轻白领、社会骨干等。这些对身份象征的区分很重要。因为我们对于不同族群的营销方式及其诉求重点完全不一样。

生活风格是从消费者的心理与价值层面区分客户。很多营销学学者研究发现，这种区分方式比以人口统计变量区分更重要。例如，某个消费者是朝九晚五的“上班族”“深度‘宅’”“养生达人”，还是“不做晚餐人群”等，不同的人有不同的生活风格。对于朝九晚五的上班族和养生达人，企业的营销方式也会不同。

消费行为主要是观察消费者购物的时间、地点、场景、价格或价值取向。以时间来说，他是吃早餐、中餐、晚餐还是下午茶。以价值取向来说，可以观察客户对促销的敏感度，有的人听到商品打九五折就心动了，而有的人则是商品打五折时才会购买。如果我们了解这名客户的敏感度，就能不花冤枉钱，给予相应的营销激励。

社交行为是要了解这个人是不是关键意见领袖，是不是喜欢在网上发布一些信息，让大家知道他是某个领域的专家。了解了每个会员的社交行为特征，在进行会员推荐时，企业就能找准对象，将其影响力发挥到最大，同时也能使效果最大化。

商品偏好比较直观，因为不同行业的商品不同。例如，在超市中，客户更喜欢购买鲜食，还是酒水饮料？在餐厅中更喜欢哪一菜系？我们通过消费者过去的购买记录以及在卖场或网站的浏览记录，就能积累适当数量的数据并对消费者进行区分。

我们在会员经营部分讨论过 RFM 的逻辑，在此不再赘述。

会员数据标签的积累不是一蹴而就的，即使是行业相同企业，即使大多数标签它们都能直接使用，但因为会员数据标签包含许多隐性标签，也仍然有很多数据只有在学习、积累后才能更精准。

6.3　大数据的分析方法及应用

接下来，我们将讨论大数据的分析方法，并结合案例更深入地了解大数据。按照分析方法的不同，大数据的分析方法被分为一般统计模型、深度数据挖掘和互联网专用的文本分析。在商业经营时，我们仅需要对这些统计方法有基础的了解，并且清楚其可以用在哪些地方，因此我们尽量从概念层次以及应用层次对这些统计方法进行说明。

6.3.1　大数据的分析方法：一般统计模型

1. 时间序列分析

时间序列是指某个现象随时间的推移按照某一种规律变化或波动，运用一定的数学方法使其向外延伸，预计市场未来的发展变化趋势，确定市场预测值。时间序列有多种线型，这主要是因为每种线型背后的驱动因素不同，当我们看到一组数据大致符合某种线型规律，就比较容易找出背后影响变化的主要因素。时间序列常被用于经济或农业生产的数据预测，有时候也被用于企业的销售预测。当然，使用这种预测方法的前提是导致这种状况的背后原因必须主要是时间因素。

图 6-5 是典型的时间序列曲线，股票波形图和 GDP 曲线图都具有时间序列的特性。比如，1950—1960 年，曲线的波动正好是每一年都有一个高峰和一个低谷。高峰之间的距离很相近，这就表示每年在同样某几个月股票价格达

到高峰，隔几个月下滑到低谷，再过几个月又升到高峰，之后再下滑，反复规律地波动。

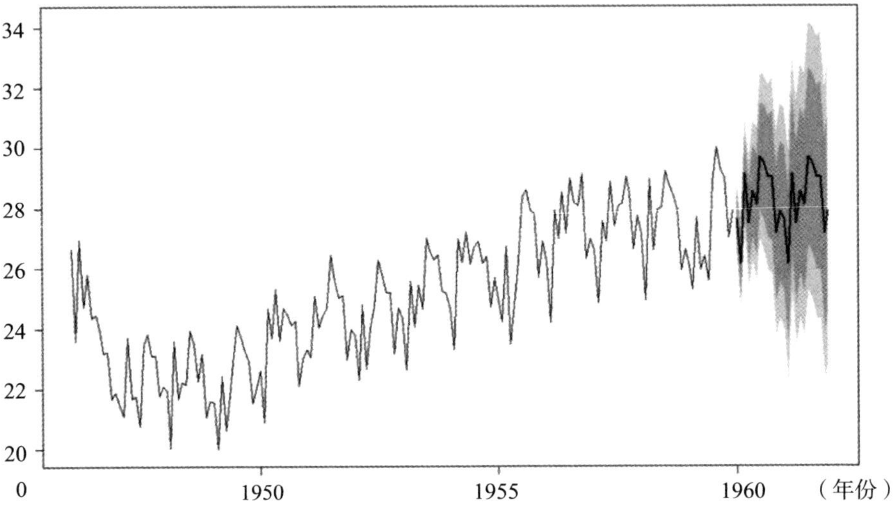

图 6-5　典型的时间序列曲线

2. 回归分析

回归分析是指利用数据统计原理对大量统计数据进行数学处理，并确定因变量与某些自变量的关系，建立一个相关性较强的回归方程（函数表达式），并加以外延，用于预测今后的因变量变化的分析方法。根据因变量和自变量的个数不同，回归分析可以分为一元回归分析和多元回归分析；根据因变量和自变量的函数表达式不同，回归分析可以分为线性回归分析和非线性回归分析。

线性回归是最基本、最常用的分析方法之一，通常用于投入与产出的相关性分析等，例如投入一个单位的广告费对销售的影响有多大。

我们来看一个简单回归分析的例子。如图 6-6 所示，假设 X 是企业针对某个商品投入的广告费，Y 是 投入 X 后能产生的销售数量，基于此建立线性关系：

$$Y=a+bX$$

公式中的 a 和 b 为待定参数，a 为回归直线的截距；b 为回归直线的斜率，表示 X 变化一个单位时，Y 相应的变化情况，这里暂不考虑随机误差项。

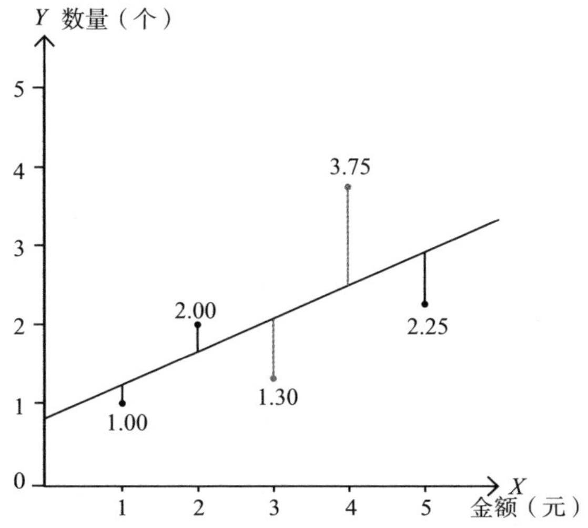

图 6-6 线性回归曲线

经过五组实验，第一组投入广告费 1 元，产生 1 个单位的销售（此时 X=1，Y=1)；第二组投入广告费 2 元，产生 2 个单位的销售（此时 X=2，Y=2)；

第三组投入广告费 3 元，产生 1.3 个单位的销售（此时 X=3，Y=1.3)；第四组投入广告费 4 元，产生 3.75 个单位的销售（此时 X=4，Y=3.75)；第五组投入广告费 5 元，产生 2.25 个单位的销售（此时 X=5，Y=2.25)。为了更有效地管理广告预算，这时我们需要知道，当我们投入 6 元、7 元等不同金额的广告费时（也就是 $X = 6$ 或 X=7)，最可能产生多少销售（ Y 分别等于多少)，我们就可以用回归分析模型，根据图 6-6 中的五组实验数据进行回归运算，得出 X 与 Y 的关系为 Y=0.75+0.45X。有了这个回归关系式，我们就可以对未来投入不同广告费将导致的销售变化进行预测。例如，投入广告费 6 元时，可以获得 3.45 个单位的销售，投入 7 元时，可以得到 3.9 个单位的销售。

回归分析就是找出一条最能代表这些点分布的直线，从而运用计算方法把回归曲线的每一个预测值与实际值相减后的平方的和（见图 6-6)。这样计算的目的是消除正负的影响。差的平方和最小的那一条直线，就是最能描述、预测当前现象的直线。

前面讨论的是只有一个 X 的状况，即 Y 只受到一个因素的影响。但是在现实世界中，每个现象都会受到多个因素的影响，这时我们就要将线性方程改为多元方程，我们称之为多元回归。这时自变量就有 X_1、X_2、X_3，回归方程就成了 $Y=a+bX_1+cX_2+dX_3$，例如，在一个全国性样本中，学生的成绩（Y)，可能会受家庭经济条件（X_1)、父母婚姻状况（X_2)、智商（X_3）三个变量影响。如何获得一条最优曲线，和一元回归的分析方法中一样，要找到一个最适合的曲线，使观测值和预测值误差最小。

我们再来看看逻辑回归分析，它与线性回归分析的不同之处在于，它的 Y 只在 0~1 发生变化（见图 6-7），在逻辑回归曲线中，无论 X 如何变化，Y 只会在 0~1 波动。逻辑回归常常被用作是或否（Yes or No）的判断。例如 Y=1 就是 Yes，Y=0 就是 No，Y 越接近 1，示发生的概率就越高；Y 越接近 0，表示发生的概率就越低。这种方法常应用于行为预测。例如消费者是否会购买某个产品、坏账是否会发生的概率。

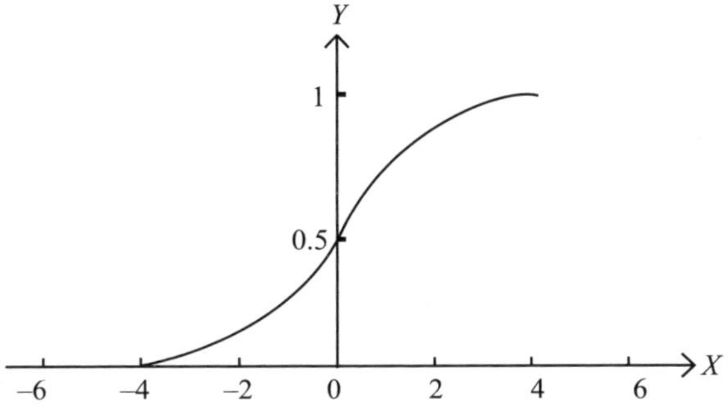

图 6-7　逻辑回归曲线

3. 决策树分析

决策树分析的结构有点像倒着画的一棵树，树根在上，树枝、树叶在下（见图 6-8）。这种分析方法常用于给客户分群、确定购买决策和坏账预测。

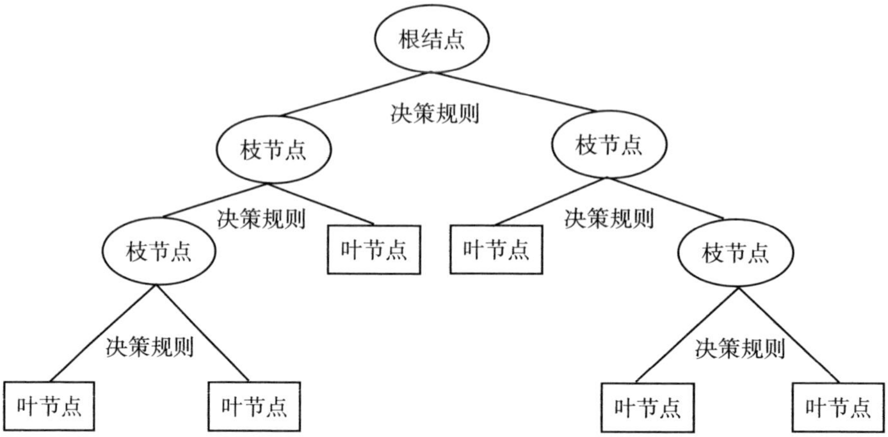

图 6-8　决策树分析

决策树分析通常选取几个变量，分别设置为第一层、第二层……第 N 层的变量，分析软件会自动拆分整个样本，将符合各层次条件的数据置入该分群。以图 6-9 为例，最上层共有 10 万个会员，代表了总会员数。我们要将这 10 万人分成几个有意义的群体，在这个图上有 4 层，所以是以 4 个条件来分群的。例如，第一层用性别来区分，10 万人里面可能有 6 万人是男性，4 万人是女性；第二层用年龄来区分 30 岁以上和 30 岁以下的人群，第三层按照会员的学历是本科以上和以下来区分，就可以根据逐个因素，拆分整个人群。通过统计软件可以自动选取客户标签上的变量，并且提高预测能力，完成较为精确的客户分群。

6.3.2　大数据的进阶算法：深度数据挖掘

现在介绍一些比较深入的数据分析方法——数据挖掘方法。我们通常不了解数据中隐藏的关系，只有通过数据挖掘方法，它们才能显现。常用的数据挖掘方法是聚类分析（Cluster Analysis）和购物篮分析（Market Basket Analysis）。

1. 聚类分析

聚类分析是将一堆看似杂乱的数据，根据物以类聚的原则找出分群的方法并用于市场区分的一种工具。它可以判定群体 A 与群体 B 之间存在显著差异。所以，企业面对大量客户，需要分群制定对策时，通常选用此类分析方法（见图 6-9）。

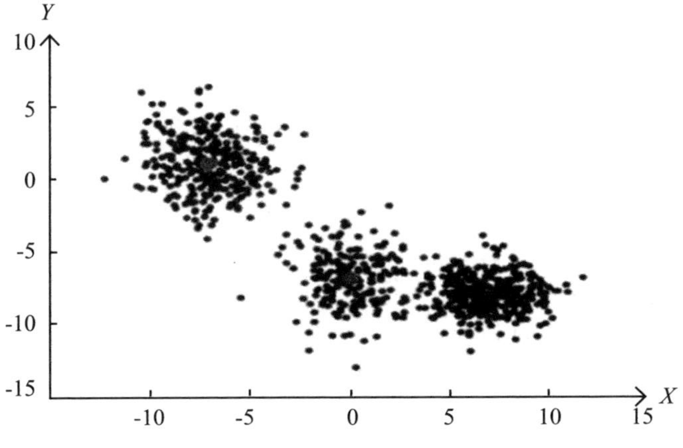

图 6-9　聚类分析

想象在一个大操场上有5000人聚在一起，假设你是一个酒类产品销售商家，销售各式各样的酒，你会找哪些人？以什么样的方式让他们购买产品？一种方法是询问每一个人想要什么酒，但这需要花费很多时间。另一种方法是让操场上的人基于性别分为两群，对男性群体打出白酒广告；对女性群体打出红酒广告。这种按照消费者的某种特性提出建议的方法，促成交易的概率可能高一些。这种对客户进行分群的方法就是聚类分析。在做分群时，我们假设男人间特质相近，女人间特质也相近，但是男人与女人间的特质差异比较大，而且男女之间的差异，一定大于男人间的差异或女人间的差异。

在一个二维坐标轴上，散落着数千个点，如何把这些点分群？分成几个群体比较合适？在图6-10中，我们可以直观地看出这些点被分成3个群体。相对来说，二维空间的分群比较简单，可以用肉眼大致划分出来。如果是三维、四维甚至十维，又该怎么划分呢？如果是十维，我们可以想象是X_1，X_2，X_3，…，X_{10}，再厉害的人也无法用肉眼划分群体。这时，数学家们想出了一个绝妙的方法叫作主成分分析方法，把X_1，X_2，X_3，…，X_{10}重新组合为Y_1、Y_2，当中Y_1是X_1，X_2，…，X_{10}的某种组合，例如$Y_1=aX_1+bX_2+\cdots+jX_{10}$与$Y_2=mX_1+nX_2+\cdots zX_{10}$，也就是组成了两个向量（数学上叫作旋转），使这十维空间又降低为二维，这时就能够轻易区分出群体了。同样，通过Y_1与Y_2表现出的这些点，在分群时也需要计算组内的差异最小、组间的差异要最大。

2. 购物篮分析

购物篮分析也是一种被大量使用的大数据分析方法。这个分析方法源于对超市购物的观察：许多商品被不同的购物篮选中了。所以我们推论这些常常出现在不同购物篮中的商品，彼此之间必然有某种程度的关联。有些商品的关联性比较直接、易发掘，但是有些商品的关联性则较为隐蔽，不容易被发掘。

塔吉特（Target）和怀孕预测指数的案例

美国一名男子闯入他家附近的一家连锁超市塔吉特店铺（美国第三大零售商）进行抗议："你们竟然给我17岁的女儿发婴儿尿片和童车的优惠券。"店铺经理立刻向这名男子承认错误，这其实是因为这名男子的女儿过去一周曾在塔吉特超市采购了大量的无香型乳液。塔吉特超市根据怀孕预测指数的分析确定这名男子的女儿怀孕了，于是给她发放了婴儿尿片和童车的优惠券。

一个月后，这名男子前来道歉，因为在他的逼问下女儿承认她的确怀孕了。然而塔吉特比这位父亲足足早了一个月知道她的女儿怀孕了。

塔吉特通过分析女性客户的购买记录，从数据仓库中挖掘出25项与怀孕高度相关的商品，制作"怀孕预测指数"，进而"猜出"哪些女性消费者是孕妇。比如，他们发现女性会在怀孕4个月左右大量购买无香味乳液，在以此为依据推算出预产期后，就抢先一步将孕妇装、婴儿床等商品的折扣券发放给客户，以此吸引客户前来购买。

由此可见，购物分析不仅提前发现了一些隐蔽现象，还可以找出那些看似不相关的商品之间的关联规律，从而在实践与应用获得更好的收益。沃尔玛的“尿布与啤酒”的故事也因此成为广为流传的经典。

那么，如何进行购物篮分析呢？大家都有去超市购物的经验，在购物时，你会把想要购买的商品一件件放入购物车。假设这一次你买了5件商品：牛肉、红酒、蔬菜、水果、饮用水。另外一位客户买了6件商品：牛肉、猪肉、蔬菜、鱼肉、豆腐干、红酒。第三位客户买了3件商品：红酒、牛肉、蔬菜。购物篮分析就是把3个人购买的商品内容分别连接起来，例如你买了5件商品，就把牛肉、红酒、蔬菜、水果、饮用水5种商品两两连接在一起共产生了10条线。

然后，再将第二位客户买的6件商品两两连接，共产生15条线，再把第三位客户的3件商品两两连接。这时，你会发现有两件商品之间的线不太一样，变得特别粗。因为这两件商品很多人都同时买了，所以线变得比较粗，例如牛肉与蔬菜、牛肉与红酒分别都连接了3次。当然你也会发现，有的两个商品之间的连接只有两次，例如猪肉与蔬菜、猪肉与红酒分别连接了两次。甚至某两个商品之间的连接只有一次，例如豆腐干与蔬菜、咖啡与猪肉。接下来，我们会在每个购物篮中任取3种商品进行统计，你会发现某3种商品构成的线被画的次数又比较多，例如红酒、牛肉、蔬菜的连线被画了3次。这时候就形成了表6-1的结果。

表 6-1　购物篮分析的结果

品项数	品项组合	出现次数
3	红酒、牛肉、蔬菜	3
2	牛肉、蔬菜	3
2	牛肉、红酒	3
2	猪肉、蔬菜	2
2	猪肉、红酒	2
2	豆腐干、蔬菜	1
2	咖啡、猪肉	1

做完购物篮分析，你会发现很多人会同时购买红酒、牛肉、蔬菜这 3 种商品，也有很多人会同时购买牛肉与蔬菜、牛肉与红酒、猪肉与蔬菜。这时我们可以怎么利用这个结果？利用购物篮分析的结果——陈列、捆绑、推荐。一般这些结果有如下几种常用的场景设计。

- 商品陈列

我们可以把红酒、牛肉、蔬菜这 3 件商品放在比较接近的位置。客户在购买时更容易注意到，也能起到提醒的效果，唤起消费者的购买需求。

- 捆绑销售

通常，为了刺激销售，商家在做促销活动时会通过包装与价格，将消费者有可能一起购买的商品进行捆绑销售，这种套餐一般会卖得更好。

- 商品推荐

有些购物网上有一个叫“也买”（Also Buy）的功能，当一名客户买了某个商品后，结账页面下方会出现其他几个常常被其一起购买的商品。这个商品推荐逻辑就是基于购物篮分析得出的。

- 个性化陈列

为了满足顾客个性化的心理，结合不同主题风格和道具进行创新性的陈列，以此突出商品最有魅力一面，从而吸引消费者点击和购买。

购物篮分析方法是从购物车的内容来判断商品之间是否存在更大的被同时购买的概率，分析时并不需要考虑商品的属性或类别。购物篮分析方法也存在两个不足：第一，其分析结果并没有解释“为什么”，如果想要了解两件商品之间为什么存在被同时购买的关系，可能还需要进行客户访谈，才能进而对商品销售是否需要进行捆绑做出判断。第二，这个分析结果虽然是基于概率得出的，但还不够严谨。它只是筛选出了所有购买机会最高的商品组合，并没有说明同时购买的概率有多高。

6.3.3 大数据非结构化数据：文本分析

现在要和大家分享一个在大数据应用中比较前沿的技术，叫作文本分析，又称文本挖掘。这个方法可以让企业如同有了“千里眼”“顺风耳”，能够全面掌握网络上关于企业的信息变化。简单来讲，文本分析就是用机器来阅读网页的内容，然后用机器来解析其内容、语义和意图。文本分析的英文是 text mining，text 是文字档案，mining 是挖掘，文本分析的字面意思就是文字类型的信息挖掘。

在大数据中使用“挖掘”一词通常意味着原先不知道有什么问题或关系隐

藏在现象的深层。企业经营者常常担心一些在世界范围内发生的事情可能与自己的企业相关，或者哪些人正在谈论自己的企业。全世界有这么多的网站、这么多的新闻报道，消费者目前关注的到底是什么？哪些与自己的企业相关？文本分析能够帮助企业掌握大众或特定群体的消费者对于某事件的关注程度以及关注重点。

文本分析是最近几年才开始流行的技术，过去以电商为主的时期已经有这种技术，但当时仅限于在技术部门使用，在营销中并不常见。

近几年，受到用户生成内容（User Generated Content，UGC）普及的影响，商品评论、社交网站、论坛成为重要的意见风向标，企业开始关注这一技术的应用。文本分析可以让企业用更低的成本、更短的时间得到答案，更重要的是，它还能追踪事件的变化趋势。

1. 企业对特定商品市场的了解与用户反应

例如，企业想要开发一款新手机，想了解消费者对手机的看法或痛点，或者其对于市场上现有的智能手机产品有哪些意见，市面上的主要竞争品牌都有哪些重要的功能或规格，消费者对这些功能的评价如何，等等。这时，企业可以利用网站资源，到这些竞争对手的网站上去，把其手机的各种型号、功能规格全部摘录下来进行分析，也可以到互联网数码社区中挖掘消费者对这些功能的看法，作为企业是否要开发这些功能的参考。

2. 报道产业热点问题

当行业中发生了一些重大事件时，如个别行业的污染问题、环保问题、税收问题等，企业可以利用文本分析对重大事件的内容传播过程进行追踪，进而了解哪些人在传播扩散，哪些人在互动评论，并且能够解析其中最受关注的词。同时，也能时时追踪用户对于大事件的评论、态度及讨论的全过程，并找到用户最关注的点或者热议最多的关键词，从而更全面、准确地了解报道内容、传播趋势、大众重点关注的关键点，以便更精准地应对及引导事件的传播方向。

6.4 大数据在智慧零售中的应用

根据我们的经验，大数据在零售业企业的应用大概有三个方面。第一，支持管理决策，通常就是商业智能，即把市场信息以及内部运营数据整合在一起，以便企业决策者能够掌握全盘数据，做出正确决策。第二，优化运营。优化运营是紧抓核心的运营指标，让企业不断精进、增长、获利。第三，管理用户生命周期。大数据分析可以被用在会员的拉新、复购、消费频次的提升、唤醒、挽回等工作中。这些活动的最终目的是挖掘会员最大的平均收益或生命周期价值。

6.4.1 用大数据管理决策

许多大企业将关键数据提炼出来作为企业例会的关键数据，用电视墙将这些数据呈现在高层的会议室，供开会时讨论。这被称为“战情室”或“驾驶舱”（dashboard）。这种做法与过去开高层会议时出固定报表只有形式上的差别。根据经验，过去集团开会的时间通常也是各事业部门“表演”的时间，同样的经营结果常因截取不同维度、不同对比时间的数据而呈现不同的结果。例如，过去12个月中前9个月的销售额都在下滑，只有后3个月的销售额是平坦或有些许增长，这时给管理层看到的数据往往就是近4个月的增长曲线，前8个月的数据被刻意遗忘了。将大数据做成固定格式就可以避免这种问题，让数据基于大家事先制定好的维度（KPI）与时间呈现，管理层逐层深挖，这样就可以准确找到问题的关键，避免被刻意误导。

6.4.2　用大数据优化运营

在零售行业，运营通常主要有四个维度：商品、会员、渠道、供应链。大数据与传统数据最大的差异表现在对数据的打通和颗粒度上。打通数据代表企业可以跨维度获取信息并进行汇总分析，从而优化经营过程、进行精准营销。以零售业的超市或便利店为例，商品销售数据一般都是从POS机传送过来的，只有每份订单销售商品的明细记录。由于会员数据没打通，我们只能知道卖了哪些产品，但却不知道卖给了谁。如果只有这样的数据，企业永远只能被动地等待陌生的消费者上门或者在投入大笔的营销广告费用后得到一部分用户的一次性消费，之后重新循环这个步骤。这不仅谈不上是对客户全生命周期的管理，更是对企业成本的浪费。颗粒度的细致程度不仅包含商品内容，还要包含其他颗粒，如城市、商圈、门店、商品、时段、品类、订单、客户等，必须能做到这些维度，甚至有更细维度的颗粒呈现。这样才能交错地从两个以上维度来观察数据，洞察更深层的意义。

6.4.3 用大数据管理会员生命周期

我们来看看大数据在拉新获客、复购、提升消费频次、挽回等会员生命周期中如何发挥重要作用。

用大数据拉新获客通常需要对外投放广告，从线上或线下拉新获客。有一点很重要——企业是否了解自己的客户。在定义清楚自己的客户画像后，企业可以依照下面的几点拉新获客。不过通常拉新获客的具体顺序要根据企业的发展阶段及所拥有的数据体量选择优先进行哪个步骤或同步进行。但无论怎么操作，目标都是达成销售成本的最小化和销售转化的最大化。企业在拉新获客过程中要特别注意以下几点。

第一，与哪些渠道合作获客。在拥有会员大数据前，企业通常只知道哪个渠道的转化率最高，并不知道哪个渠道的客户素质最高。客户素质的判别标准是客户在一段时间内的延续性，而转化率只关注引流过来后的第一次交易是否成功。第一次来消费的消费者常常会因为企业的促销力度很强而消费，那些对价格较敏感的群体尤其如此，转化率会因此特别高。而企业更需要关注这些客户的后续行动，大数据针对个别用户持续积累数据，对于客户的时间延续性的价值计算（采用 CLV 即可）将更准确，企业应据此最后确定到底哪些渠道比较好，应该与谁合作。

第二，如何向合作方表达自己要什么样的客户。不同属性的客户，如不同年龄、性别、地区的客户，其消费情况也是不一样的。这又涉及大数据的会员与商品的颗粒度是否够细。当我们掌握以上信息后，拉新获客将事半功倍。

第三，自有数据是建立外部合作关系的基础条件。拉新获客最有效的策略其实还是生态圈，作为生态圈的一分子甚至是核心企业，企业必须拥有一定数量的优质会员，才能在与外部其他业态合作时具有话语权。因此，自有数据是建立外部合作的基础条件。

大数据在复购、提升消费频次、挽回等会员生命周期中的应用，通常也被称为大数据精准营销。精准营销，就是精准地选择特定群体客户，清楚定义问题状况，给予这群客户定制化的营销方案。任何企业都不可能有无限的资源，也不会将营销资源浪费在无效的客户身上，企业应根据客户的不同状态，采取合理的方法促进复购、提升消费频次或进行挽留。提升消费频次时，企业通常不需要给予过重的激励，如果把挽留客户的资源用来提升消费频次，可能就是浪费资源。由于关注的重点也不一样，这样做还可能会误导客户，造成对客户的骚扰。此时就需要精准营销。在非精准营销的状况下，企业的“子弹”耗费得更多，这些营销资源甚至被用在只图便宜的客户身上，导致投入成本后效果并不明显。这种粗放式的营销将导致大量的资源浪费。

很多人会问，为什么A公司做的活动比较有效？如果这样，既然是同行业，能不能把A公司的促销内容直接搬到我们（B公司）这边。我们照着做是不是也可以得到一样的效果？答案是不一定。大数据精准营销不是一个标准模型或标准化数据，而应当依照环境进行调节。因此，我们把精准营销分成六个步骤，通过这六个步骤不仅可以对即将流失的会员进行挽留，还可以针对不同用户群体进行有的放矢的推荐，从而提高会员的消费频次和消费金额，形成循环性营销机制。这将极大提升企业的绩效和规模。

第一步：确定业务目标。首先要清楚定义问题，比如，发现的业务问题在哪个环节、哪些区域或是哪些客户出了问题。又如，企业发现近期一些老客户不太活跃，所以业务目标是让不活跃的用户活跃起来。

第二步：用户分析 / 数据探索。定义清楚问题并确定业务目标后，我们可以从客户标签中寻找精准的客户群体，更细化地界定清楚这些会员的问题和痛点。比如，他们过去有哪些行为特征，有哪些比较适合的方法可以激励这些会员。

第三步：精准定位用户。通过用户分析 / 数据探索定位目标客户，并且清楚描述前面找到的问题具有哪些特征，然后确定是否需要对上面定义好的标签人群的问题和痛点再进行细分或分组，从而进入对下次活动的部署。

第四步：制定活动部署（确定促销内容与话术）并进行内容测试。通过数据挖掘与分析，企业可以找到精准的客户群体，了解他们的消费习惯，如对价格的敏感度、对某些商品的偏好程度。有了这些数据，企业就可以开始制定具体的促销内容；在定义好相关的活动内容后进行多次测试，找到转化率最优的营销内容。例如，需要进行营销的客户有 50 万人，这时我们可能随机抽出

5000人，划分成3组，开展3种促销内容。每一种促销内容可能又有3种话术，这时就有9组样本，每组大概500人，然后发起促销活动。得到测试结果后，留下结果最优的一组，调整其他组的内容与话术，进行反复测试，找到最佳的促销策略。

第五步：执行活动部署。在经过多次实验并总结出最佳方案后，企业对所有需要执行促销活动的客户，发起这个最佳方案，并及时关注用户的反馈及转化情况，针对活动效果反馈和数据趋势进行相应的互动和调整。

第六步：评估活动效益。评估内容通常是投资回报率或投入产出比，如果这些客户出现的问题是一个还会再发生的状况，就可以在系统中进行设置，让系统定时自行发起促销，并持续追踪促销效果是否有所改善和提升。

在数字化经济时代，大数据逐渐成了每个企业发展的基石及建立市场竞争力的必要条件。本章分享了企业建立大数据平台的方法，以及大数据在企业运营、营销及客户管理过程中的应用和分析分法，并结合相关的案例进一步说明大数据的应用价值。第7章，我们将给大家分享另一种对商业发展有着颠覆作用的技术——人工智能。

第 7 章

人工智能及其商业化应用

本章介绍支撑智慧零售的一个重要技术——人工智能。人工智能是当今科学应用领域的重要学科，无论是学界还是企业，都在关注这个课题。人工智能是近几年非常热门的话题，那么到底什么是人工智能呢?

7.1 人工智能及其发展

人工智能的发展可以追溯到 1956 年的达特茅斯会议。参加会议的人有约翰·麦卡锡（John McCarthy）、马文·明斯基（Marvin Minsky）、赫伯特·西蒙（Herbert Simon）等。这几位都是号称计算机领域的诺贝尔奖——图灵奖的得主。他们在会议中讨论计算机的未来发展以及计算机人工智能的愿景。

20 世纪 60 年代初期第一代符号人工智能的黄金时代开始了。第一代人工智能能解代数问题，能解微积分问题，可是对于常识性问题或人类用经验就很容易解决的问题则力有不逮。这些研究成果与人们日常生活或企业应用需求的联系都较为薄弱，因此逐渐被各大企业的搁置。

20 世纪 80 年代，基于思维逻辑或推理逻辑产生的专家系统使第二代人工智能渐渐崛起，它专门为了解决企业和研究单位的特定问题而产生。开发人工智能就是要先访谈专家，从专家那里获得他们判断的思维逻辑。有了这些思维逻辑后要做的就是程序化，即把专家的判断逻辑写成计算机程序，这样计算机就具备了相当于专家判断的能力。专家系统是针对某些特定行业，取得专家的知识后再程序化解决问题的系统，受到企业的重视。到了 20 世纪 90 年代，因为专家系统维护成本巨大，人们的期望再度萎缩，于是人工智能又蛰伏了 10 年。

2000 年以后，第三代人工智能自主学习的新算法开始发展。机器学习中加入了很多方法，深受学习神经网络是目前的主流技术，它是一种模仿人脑结构及其功能的信息处理系统。2006 年，人工智能进入自主学习的时代。近几年，自主学习的迅速发展得益于算法、大数据、计算机的运算能力的进步。人工智能的覆盖领域得到扩展，涵盖了计算机学、统计学、脑神经学、社会学等领域，成为一个交叉的科学。

7.2 人工智能在供应链中的三种应用

许多人工智能在智慧零售领域的应用解决方案看起来都很吸引人，但是千万不要为了“酷炫”而引进这些技术。本书涉及的各个智慧零售领域，无论是会员、电商、积分、大数据还是联盟，都已经为许多行业证实可以带来增加收入或降低成本的效果，唯有人工智能的商业应用效果还没有被普遍验证。如企业有使用人工智能的必要，务必经过小规模试验证明确实有效再推进。智慧零售的应用范围极为宽广，人工智能的覆盖领域也很广，这两个领域的应用的有效结合需要一个合理的框架。本章从整个价值链来分析，人工智能在哪些领域有较大的应用机会，通过价值链分析，我们会比较容易理解人工智能对我们的利润表有哪些贡献。

1. 智能仓储

仓储主要涉及商品的进、存、出。过去的仓储管理是零售业的重点工作，尤其是快消品行业，其涉及的商品品类繁多，进货时讲究批次，还要验货，库存方面追求对仓位的最有效利用，出货方面强调拣货与打包的效率。其实这三件事彼此相关。因为出货的效率取决于拣货是否高效，而拣货效率又取决于商品的储存位置，储存位置恰当则拣货效率高，但是储存位置是否恰当又会受收货上架的影响。找到既能简化收货上架流程，又能让商品储存空间的利用效益最大化的方法，就成了仓库内部运营管理的重要挑战。为了解决这些问题，过去在仓储管理上有很多要求和规范，例如针对商品保质期问题，有相应的先进先出的存放规则与批次管理的库位规则；为了进出方便，有商品热销 ABC 仓位管理；为了处理整箱装与散装商品，有储存区、拣货区域的规则。这些复杂的规则在智能仓储方面只要起到“找得到、少走路”的作用就可以。

亚马逊智能仓储的案例

智能仓储的典范依然是亚马逊。它有三个特色，分别是移动货架、机器人自动抓取和智能路径选取。

（1）移动货架

通俗地讲，移动货架就是货找人，亚马逊的货架是可以移动的，它会自动移动到打包区。亚马逊的商品货架具有调整高度的功能且底部带有滚轮。若订单信息显示应该提取的商品在某个货架里，这个货架就会自行滑到装箱打包区，同一个订单的商品货架会聚集在一起，等候提取。

（2）机器人自动抓取

机器手臂在打包区感知商品在货架内的位置，然后自动抓取，放到打包箱里，节省人力。

（3）智能路径选取

这其实就是仓内路线智能化，如果订单数量较庞大，这时仓内会出现货架满仓跑的现象。针对规划路径或采取动态闪避在最合理的动线路径中快速完成拣货，智能路径扮演了非常重要的角色。尤其是对电子商务而言，互联网购物的崛起让这种技术发挥了更多的作用。

2. 智能物流

这里的智能物流是指出仓后的事，包含装载计划和路径优化这两个主要工作。装载计划的重点是希望达成“两个高”目标：满载率高和准时率高。但这两个目标有些冲突，如果满载率高，车辆的运输路线会比较复杂、比较远，更严重的是卸货时间的不准确性会更大，这时准时率就会下降。路径优化的重点则是在满足指定的货物送达地点与时间要求下规划货车的路线。过去在物流上就有专门的运输管理系统（Transportation Management System，TMS）处理路径优化方案，但过去的TMS进行的是相对静态的路径优化，并没有实时反馈路况（当时高德地图和百度地图还没研发出来），而现在既然有这些智能化的实时路况反馈，TMS自然基于此实时调整路径，也实时用GPS追踪车辆的行踪以及时优化运输路径。这些技术如今也在不断地发展和完善，未来的应用性会更强大。

3. 智能订货

这个环节对于人工智能也是一大挑战，过去订货系统主要是采取移动平均订货（Daily Mean Sales，DMS）[①]或经济订货批量（Economic Order Quantity，EOQ）[②]来进行计算。这样的模型在相对稳定或静态的市场状态下，基本上可以满足需求预测、制订订货计划，但是在处理保质期较短的生鲜食品方面则有较

① 移动平均订货是用一组最近的实际数据值来预测未来一期或几期内公司产品的需求量、公司产能等的一种方法。它是一种简单平滑预测技术，其基本思想是根据时间序列资料逐项推移，依次计算包含一定项数的序时平均值，以反映长期趋势。

② 又称整批间隔进货模型，用来确定企业一次订货（外购或自制）的数量，可实现订货成本和储存成本之和最小化。订货批量是指根据订货成本来平衡维持存货的成本，其目标是要识别能使存货得以维持、使订货总成本降低到最低限度的订货批量或订货时间。

大的问题。特别是，天气变化造成的需求变化，加大了订货系统保持精准度的难度。人工智能的自主学习可以解决一部分问题，可是更多的行业精准预测，甚至考虑供应端的供应产能计划与价格变化的系统却仍在完善中。期待未来人工智能“决策规划”技术研究能够有更大的进展。

7.3 人工智能在营销中的四个应用场景

人工智能在营销上的应用可能比在物流上的更多、效果也更显著，人工智能可以用于以下四个场景。

第一，购物广场的流量与动线分析的应用方案相对成熟。购物广场的安防监控采取影像辨识方法，在入口或主要通道查看是否有行为异常的人进入或未授权的人进入管制区域。另外，还可以通过智能系统监控人的不当行为或危险动作。

第二，店内的动线分析。智能系统可以追踪每个客人在店内的行动轨迹和停留时间，这对于评估店内商品陈列位置有重要效果。

第三，货架热点感知。通过货架热点感知，我们可以知道商品陈列的效果，例如某个货架位置被认为是较好的，当我们把某些商品摆放过去时，是否得到了该有的消费者的关注和停留。当然可能会有人说，通过商品销量不就可以判断商品陈列效果了吗？其实不然，热点感知就如同你找了一些临时工守在店铺里，每一个客人进来都有一个临时工从头到尾地跟着这名客户，他的路线怎么走，看了什么内容，买了哪些商品，等等，全部都会被统计出来。获得了这些数据可以做两件事：一是通过了解这个客人看了哪些商品，最后购买了哪些商品或者没有购买哪些商品，生成不同的营销方式。二是通过了解这个人看了什么商品来判断哪些商品可以捆绑促销或陈列位置靠近一点。

第四，货架智能监控。过去我在商超工作时，研究得最多的就是店内陈列，不同种类的商品要用什么方式陈列，要放在哪一层货架、放几列，都有非常严格的规定。同时，还要根据节日庆典、季节或天气的变化调整陈列的位置和商品，每天都要人工统计缺货率并保证其在最小范围。因为这些都是产生销售转化的关键。随着技术的发展和智能货架的出现，这些烦琐的事务不再需要大量的人力就可以在很大程度上得到解决。

7.4　人工智能在销售中的五种应用

关于人工智能在零售销售网点的应用已经有很多成熟的方案，我们分别看一下它们的应用场景。

第一，无人门店。可以说，近几年智能零售的风潮就是由亚马逊的无人超市带起来的。虽然我并不主张所有场景都无人化，但在许多场景中的无人化还是很有价值的。现在不但有无人超市、无人便利店，甚至还有无人健身房。

亚马逊的无人超市的案例

以亚马逊的无人超市为例，我们看看这些无人超市都采用了哪些技术。

- 入店扫码辨识身份：亚马逊无人超市通过 App 让消费者在进店时完成扫码，进行身份辨识。也许有人会说，身份辨识这个动作通过影像辨识就可以完成，无须 App 扫码。但是考虑到新客人以及支付授权，目前使用最多的还是扫码。
- 启动免密支付：在顾客进门扫码时，亚马逊就已经要求顾客同意免密支付，这样顾客的购物会更方便。
- 影像辨识拿起或放回商品：店内商品上都有射频识别技术（Radio Frequency Identification，RFID），同时用摄像头获取客户拿起商品或放回商品的记录。这项技术国内也有一些厂家已开发出来，但是基于对成本的考虑，国内大多不采用 RFID，而是根据商品重量进行复核。如果客户选取商品的影像与重量相符合，这个辨识应该就很精准了。
- 自动结算并完成收费：根据影像记录及与商品上的 RFID 复核，亚马逊直接为顾客结账，并收取商品费用。

亚马逊的无人超市虽然带动了无人购物的风潮，但是也并非无可挑剔。例如，影响辨识环节，如果改用商品影像辨识加上用重量复核，就不需要在每个商品上设置 RFID。这样可以在满足精确度要求的基础上降低不少成本。

第二，来客自动辨识。简单的影像辨识的技术功能已经十分成熟，但是这种功能需要与其他技术相结合才可以在销售方面发挥更大的作用。影像辨识是企业识别客户的基础，企业还需要通过会员系统知道来客是谁，然后从大数据中取得客户记录，知道他的 RFM，并决定提供给他什么销售提案。例如，提供服装搭配、饮食搭配建议等，并通过电商系统或个性化的 App 等移动平台将个性化建议推送给这位会员。

第三，电子价签。目前，自动调价货架技术已经比较成熟，但是投入的成本相对高一些。这个货架会连接库存系统以及商品的保质期，对于生鲜商品或鲜食、熟食来说非常实用。它会按照销售状况、库存及时调整商品售价，如果有商品库存过高或者保质期靠近安全规范的时间段，货架的后台会自动发出调整售价指令，这时货架上的电子价签就会随之变动。

第四，智能咨询货架。这种智能咨询货架已经在一些护肤商品的柜台出现。它可以自动侦测来客的身份，如果是老客户，它会根据其过去的消费信息提供个性化的建议与促销；如果是新客户，它会侦测对方的年龄以及身份特征，推测其生活风格，据此给予个性化建议。

第五，智能试衣系统。智能试衣系统在国内已是比较成熟的技术，它包含人物影像辨识、衣服影像参数等。当客户走进店内对某件衣服有兴趣时，就不用麻烦地试衣、重复穿衣脱衣的过程，只需要点选这个商品，站在镜子前，就会出现客户本人穿着这套衣服的影像。这种系统在商品缺货或新品发售时会有很大的帮助，即使商品缺货或新品还未到店，客户还是可以试穿衣服。这对于空间有限的门店或降低店铺库存都有很大帮助。

7.5 人工智能在客户服务中的应用

在服务领域，国内的电商网站商家基本上都已采用智能化的服务系统，只是这些系统现今还存在一定不足，目前似乎只会说“欢迎光临”“我们将竭诚为您服务”，这对于客户的帮助非常有限。尽管如此，人工智能技术在客户服务方面也已经有一定的应用，主要应用在以下两个方面。

第一，自动语音服务。在谷歌的一个宣传片中，其 CEO 演示了一套新的语音辨识及语音合成系统。演示过程是人工智能假扮为客户，打电话给一家发廊预约理发。当发廊告诉她，想要预约的时间已约满之后，人工智能还会发出“嗯嗯”的表示理解的声音并提出新的要求，最后双方很愉快地完成预约对话。如果所有的电商机器人客服系统都能拥有这种针对不同状况精准化处理问题的能力，不仅会大量减少客户投诉的数量，也会为企业节约更多的成本。

第二，前台影像辨识。这个功能主要是影像辨识技术与会员系统的结合。它让柜台店员在客人进店时立即判断出他是谁，并且能够从容地提出个性化方案。在一些店内比较嘈杂的环境中，这种影像辨识技术更显其重要。

本章介绍了人工智能的发展及其在零售行业上的应用，包括智慧供应链、智慧营销、销售领域和客户服务领域。将人工智能应用于供应链领域的目的是降低成本，应用于其他 3 个领域的目的则是提高收益。这里还需要再次提醒大家，零售业企业在引进这些技术前，需要仔细评估这些技术对企业损益表的影响。

第4部分

智慧零售战略的实施

本书的第 4 部分讨论智慧零售线上线下的虚实融合及对生态圈的战略布局与实施。结合当下的网络技术与市场发展，我们将主要讨论如何通过互联网技术构建企业线上线下的虚实融合及生态圈。

第 8 章

智慧零售的虚实融合战略

零售业企业为什么一定要成为虚实融合的企业，难道按照传统方法经营不可以吗？假设你在某小区附近开了一家面包店，目标就是小区周边 500 米范围内的住户，或许短时间内你的店面可以运营下去。但如果有一天旁边出现一家连锁面包店铺，你可能就有麻烦了。如果想持续运营、占有更多的客户、让老客户随时想到你，你就需要让他们更频繁地接收你的信息，那么保持与客户联系的热度是必不可少的。这时你就开始迈入智慧零售的虚实融合。

大企业有更多的人力、财力，会通过各种新技术或智能化的场景交互拉近与客户的距离，让客户更轻松地与自己打交道，从而积极接纳智慧零售的虚实融合。很多人认为在保留传统线下门店的同时做电商就是虚实融合。其实我们定义的虚实融合是“实体门店 + 移动平台 + 传统媒体 + 新媒体”。至于具体怎么做，麦肯锡基于客户行为，提出了一个很好的客户行为模式。我们对麦肯锡《中国数字消费者调查报告》稍作调整，增加了社交行为，形成了虚实融合购物场景下客户行为模型（见图 8-1）。

该模型展现的是消费者的购物历程，包括产生兴趣、搜集信息、比对方案、购买行为、分享体验。如今让消费者产生兴趣的渠道有很多，如网络广告、移动广告、朋友分享，也有直接从门店路过产生兴趣的消费者。线上、线下搜集信息的方式各有不同，在线下消费者可以进入门店看到商品、咨询导购并亲身体验；而在线上搜集信息主要依靠网站链接，消费者可以通过链接看到一些产品的信息说明。消费者在线上比对方案的渠道是主流的购物平台，如淘宝、京东以及其他消费者常去购物的电商平台。在购买阶段，消费者可以选择网上购买或线下购买。最后是消费者分享购物体验，把选购过程中的体验、收到商品后的感受与状态告知他人。以上五个步骤的消费者行为就构成了跨越线上线下或虚实融合的混合型消费模型。

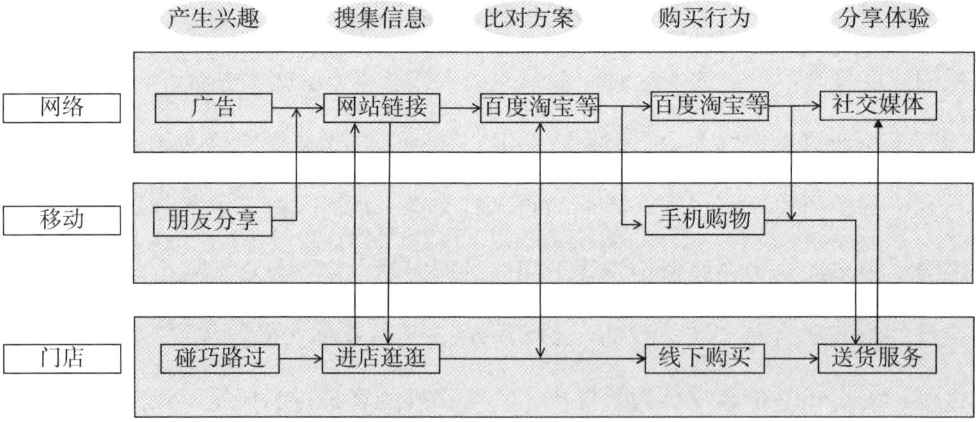

图 8-1　虚实融合购物场景下客户行为模型

8.1 线上与线下的特点

企业要想做好智慧零售，必须深度理解经营理念与消费模式的变化。零售业强调“零售就是细节”（Retail is detail）。在线上线下混合购物的今天，门店应该通过向消费者提供细致入微的体验，对多渠道资源进行整合。我们应该如何思考虚实融合的问题？要解决这个问题，我们首先要考虑线上与线下的特点（见图 8-2）。

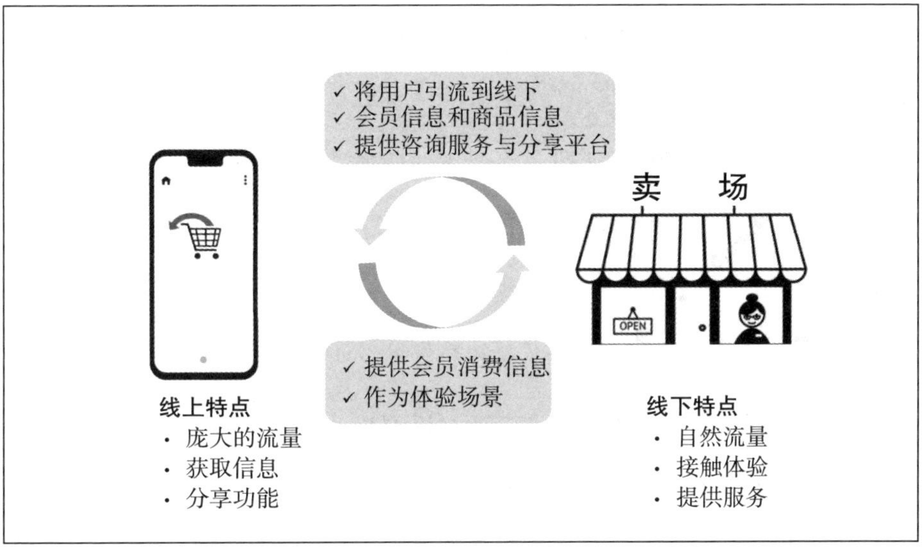

图 8-2　线上与线下的特点

线上可以为线下提供哪些帮助？第一，将用户引流到线下。线上有源于自营网站、App 和外部平台链接的庞大流量。企业经营线下门店时最需要的资源就是流量，而线上正好可以把企业的流量资源引至线下。第二，提供会员信息。客户到线下门店后，员工通常无法直接辨别客户的身份，而线上的信息可以帮助线下员工获取来客的历史交易、消费习惯等信息，为客户提供更精准的服务。第三，提供商品信息。消费者在线下消费时常常担心线下产品价格比较贵，同时也易对商品质量也持怀疑态度。此时，消费者就需要一些信息来增加购买信心，而线上的商品信息如价格、产品详情、评论等，可以推动消费者做出购买决策。第四，提供咨询服务。线上可以提供有关线下消费场景的预约服务或咨询服务，让消费者可以更省心、更方便地到线下门店消费。第五，提供分享平台。消费者消费后可以在线上进行内容分享，让好的线下体验能够得到传播。第六，渠道再营销。消费者在线下完成消费后，线上可以立即提供下一次来店消费的优惠，进而不断增加消费者的回购次数，增强用户黏度。

那么线下又可以为线上提供哪些帮助呢？第一，提供会员消费信息。人是线下门店经营的核心要素，所以不要忽略那些线下门店产生的自然流量与会员消费记录信息。线下可以帮助线上增加会员数量、积累会员行为信息。虽然线上有很大的储存空间，但是消费者会在线上线下进行交叉流动，也可以多渠道获取信息。第二，作为体验场景。线下能够提供更好的接触体验，消费者可以接触实实在在的商品，还可以获得即时的咨询服务，获得真实的接触体验。当消费者需要亲自体验商品时，线下门点就成为线上购物最好的助销手段。

掌握了这些特点，我们在设计虚实融合的消费体验时就有了非常清楚的指引。线上与线下不应再是独立的体系或彼此竞争的部门，而应是一体化的互相成就的关系。

8.2　企业虚实融合的路径

在介绍企业虚实融合的路径前，我们先通过一个案例来了解企业虚实融合战略的实施过程。

某大型连锁品牌购物中心的案例

该购物中心包含了餐饮、超市、服饰、儿童游乐园等综合业态。它们并不做房地产开发，主要通过租赁取得商业地产长期经营权，集团总部设有商业地产开发部门、商业地产管理部门、招商部等主要管理部门。过去在商业地产发展的全盛时期，招商比较容易，租金收益也不错，企业积累了庞大资本。在品牌方面，集团的商业地产也在许多城市成为地标，是城市人流的主要聚集点之一。由于近几年受到电商的冲击，该集团感觉商场的客流量下滑，许多品牌商家无法支撑经营，逐渐退出购物中心。购物中心也慢慢只剩下餐饮、儿童游乐场等消费者必须到现场体验并消费的业态。

（1）线上商业模式的设想

企业战略与使命：基于长期发展的战略，集团希望打造的第二个核心能力或核心资产就是流量；希望通过会员与数据，直接帮助各地购物中心引流，提高购物中心内商户的获利能力，同时也期望成为集团第二个独立自主经营的“商业航母舰队”。

发展策略：这项任务是为集团构建现有线下购物中心之外的第二个“商业航母舰队”，目的是保持集团在资本结构上的弹性。发展策略是第一阶段先建立会员积分平台（App），让购物中心的会员得到积分后有方便的兑分场景。当会员习惯与企业在线上接触后，在第二阶段再将积分商城扩大为独立的线上商城。具体实施步骤如下：①先建立购物中心商户的共享会员 App 平台，通过线下扫码积累客户并推动其转为会员；②构建线上积分商城，作为积分兑换中心；③建立会员大数据，发挥精准营销的能力；④将积分平台扩展为购物中心的线上版，提供会员交互及交易等功能。通过这四个步骤逐步打造购物中心的线上能力，让购物中心成为集团继实体购物中心后的第二个“商业航母舰队”。

（2）网站平台定位

根据前述发展策略，线上的能力主要是通过线下会员逐步转到线上的，所以网站平台的定位也要根据两个阶段的不同有所不同。

第一阶段，网站平台作为购物中心的会员交互平台以及积分兑换中心，在这个阶段的主要使命是让消费者知道购物中心的积分可以被当作现金在购物时使用，而且还可以兑换其他商品与服务。比如，优先用积分支付停车费，提供尊享卡让会员免费享停车、洗车服务。第二阶段，网站平台扩大了积分商城的规模，将之拓展为独立的线上购物中心。

鉴于前期与线下商户沟通中的困难以及某些商品品类不适合在线上销售等原因，集团没有选择线上线下完全同步的定位，而是选择将线上购物平台定位于服务“80后”“90后”中的轻奢族群，同时提供线下广场O2O的服务。线上平台（App）的名称依然与线下购物中心保持一致，但采用独立采购商品、自主经营的模式。前期的主要经营目标是完成积分兑换，同时让线下的服务性商家将店铺的优惠信息上传到线上平台（例如餐厅的优惠券、护肤中心的折价券等），后续的经营目标则是逐步说服购物中心其他品牌入驻线上网站平台进行销售、帮助商家提升其业绩及免费引流到店。未来在一定的时间点再用相对合理的机制对入驻线上网站平台的商家进行收费。这一商业模式的O2O整合及转型也就完成了。

（3）线上平台的商品品类与价格策略

由于购物中心业态较多，许多商品缺乏实物内容，品牌商的想法也不一样，该购物中心将商家区分为超市、服务类、专营店三大类型，采取不同的价格策略。

第一，超市商家。平台的超市定位为轻奢生活超市。超市内销售的商品属于快消品，品种上万，线上平台并没有完全和线下超市同步，集团采取自建的形式，从线下超市中筛选了部分符合线上平台定位的商品直接采买，先把线上超市做起来，线上用户数积累到一定量之后再制定品牌入驻的收费策略，同时让超市作为商家自行决定是否入驻线上平台并提供商品。

在初期的品类策略方面，平台采取精选3000种商品的策略，抓三个主要品类。第一类是知名商品，例如宝洁、联合利华等品牌的商品，选取这类商品的目的是引流、比价，证明线上商品不贵；第二类是生鲜商品，即标准化包装定价的蔬菜、肉类等；第三类是进口商品，包括进口的饮料、红酒、饼干、咖啡等符合目标群体定位的商品。

第二，服务类商家。这类商家包含餐厅、美容、美甲等内容。这类业态没有特定商品，内容编辑较为简单，对商家的展示也更直观，只需要拍摄并上传门店照片及能够呈现效果的照片，再销售体验券即可。

第三，专营店商家。例如，服饰、鞋、箱包、家居饰品、电器等。许多商家是品牌代理商，为了不与线下商家造成竞争关系，集团鼓励商家加入线上商城。顾客可以在线上购买完成后到店自提商品或由商家送货上门。

（4）线上平台推广策略

线上平台采取线上线下共同推广的多渠道策略。由于线上平台的名称与线下购物中心的名称一致，消费的认知度和信任度还是比较高的，线上平台只需要制定合理的整合营销的推广策略，就能比较容易地获取消费者的信任。

第一，线下推广。购物中心在比较明显的位置，张贴关于会员计划的宣传文案发动商户招募会员，并且让消费者扫码关注。另外，说服线下商户提供吸引客户加入会员的免费体验服务，如餐厅可为新加入的会员提供免费小菜，对于引流最多的商户给予加强线上宣传的奖励政策。数据分析显示，线上商户大概70%的订单都来自线下门店直接扫码的转化。

第二，线上推广。运营团队在微信平台、安卓手机市场、苹果手机市场推广商城线上平台，并联合线上大型流量平台进行活动的宣传推广。同时，启动联盟会员互推方案，再结合新媒体的传播力量吸引更多的消费者。

第三，线上和线下交互推广。开放式的广告宣传让消费者在线下完成交易时可以获得线上商品的折价券，在线上完成交易时也可以得到线下门店的体验券；同时，消费后还可以获得相应的积分。这种消费券加积分产生的用户转化率可以在50%以上。

（5）线上平台的组织关系定位

线上平台在初期的定位是线下购物广场的会员中心，但考虑到线上平台经营所需的专业技能及其未来的弹性，集团决定单独成立新公司来运营线上平台，并且直接向集团CEO汇报。线下的高层主管有机会以个人身份投资线上平台，并在线上公司担任董事，可以向董事会提出要求并申请资源协助。

（6）如何透过线下资源快速孵化线上平台

平台做的以下几件事情，推动了其自身的增长和发展。

第一，购物中心现场设置电子交互屏幕全力宣传推广线上平台。这为线上平台的初期发展提供了非常重要的帮助。

第二，奖励门店人员。购物中心给予门店人员两种奖励，一种是对招募会员的奖励，另一种是对将会员引流到线上并产生首单销售的奖励，特别是引导会员利用积分换购。这样可以鼓励线下员工积极向消费者推广线上平台，同时也让会员真切地体验线上购物的便利及积分的价值。

第三，引流紧跟交易。消费者在线下交易完成后，购物中心立即向会员发出交易通知，告知其得到多少积分，同时再附送线上的优惠券。这种优惠的转化率非常高。同样，线上交易完成后，购物中心也向会员发放相应的积分和线下购物优惠券，重点是线上线下的交叉打通。

第四，配合线下大型促销活动。线下引流效果最强的时间是大型促销活动期间，这种活动也往往是最需要宣传的。企业利用类似活动做虚实融合的推广以帮助线下引流，同时也完成线上推广。

（7）经验总结

这个项目的会员交易额在两年内达到了数百亿元，线上交易额也达到了数十亿元，成为集团的另一个“商业航母舰队”。我们可以从中总结出几个重要经验。

第一，线上线下的定位与内容不一定要完全一致。因为彼此在消费场景和消费形式上存在一定的差异，所以只在会员经营上采用强关联的方式，以此在消费者端达到线上线下的统一。

第二，线上平台初期的发展需要依赖线下实体资源的孵化。线上平台与线下购物中心的高层主管必须有注重整体利益的大局观。

第三，线上不能只从线下争取资源而不思反哺。除了高层的利益绑定，线上平台在获得线下资源助力的同时，也应该尽量设法返利给线下。实际上，返利的成本远低于线上自己引流的成本。

第四，团队的奖励或激励政策。初期招募会员时，扫码推广是线上平台取得低成本、高质量会员的捷径，而线下购物具备这个得天独厚的优势。给店员奖励，让他们一起进行推广，达到开首单的目的。这种做法比经由线上广告获取客户的成本低得多。

本节我们用大型连锁品牌购物中心的案例分析了线下企业发展线上业务的全过程。关于线上资源孵化线下业务的案例也有很多，比如三只松鼠、苏宁小店就是通过线上资源孵化线下业务。近年来，淘宝、京东等平台也不断通过线上优势资源来发展线下业务。

我们可以通过企业虚实融合螺旋成长模型来评估企业所处的位置，进而确定企业下一步的发展方向（见图 8-3）。

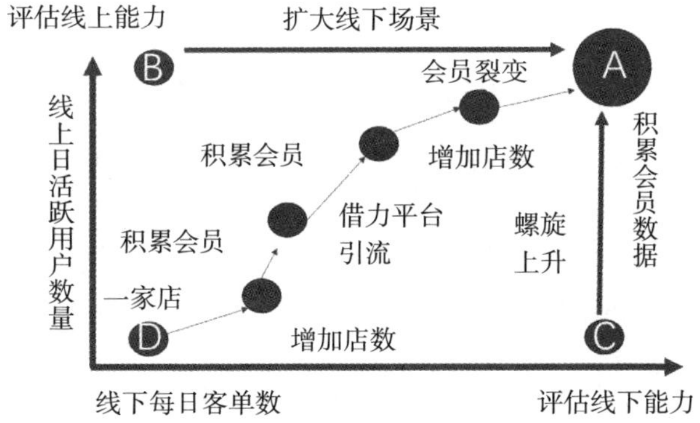

图 8-3　中小企业虚实融合螺旋成长模型

这个模型的横轴是评估线下能力，衡量标准是线下每日客单数。我们为什么不用门店数或来店客数来衡量线下能力？因为现在很多门店交易数不足，甚至有较多的门店不见得有交易，交易数不够准确。

纵轴是评估线上能力，衡量标准是平台的线上日活跃用户数（Daily Active User，DAU）。为什么以 DAU 而不是以销售量为衡量标准？因为有许多网站在初期并不以交易为主要目标，其第一阶段的目标通常是先获取用户的关注。只要有较高的日流量，就表示平台对用户有一定的吸引力，用户对平台有兴趣。即使暂时没有交易，未来只要企业对平台善加利用或转换，也是能够产生交易的。

因此企业在开展虚实融合的策略时，要先用合理的标准评估企业目前所处的阶段，并且思考在未来的某个时间节点期望达到的图上的哪个位置。相信大多数企业想要达到的终极目标是上图中的“A”，线上日活跃用户很多同时线下每日客单数也很高。

如果企业的线下能力已经很强，线下每日客单数已经非常高（在 C 的附近），这时企业应该思考：如何积累会员的数据，养成通过移动网络与这些会员进行交互的习惯。积累会员数据其实就是在把会员从线下移到线上进行管理。利用线下会员孵化线上流量，就是积累会员数据，这是许多发展良好的传统线下大企业在做的事。如果情况正好相反，企业线上能力很强，这时应该做的是思考如何扩大场景消费，多开展线下门店或者收购。

除了上文所述的两种极端情况（企业线上能力很强或线下能力很强），现在中小型企业更可能是在“D”这位置。假设你的企业处于图中左下角，目前仅有一两家店，你想要到图中的右上角，我建议，第一步可以先建立自媒体账户或小程序，至少要让会员可以通过网络平台找到你，你也可以发送一些信息给用户。第二步是在外卖平台上开店，这些大平台或多或少都能给企业带来一些周边的客户。第三步的重点是增加线下门店的数量。如果你只有一家店，你需要尽快扩张店面数量，因为如果店面数量少，影响力毕竟有限。我建议企业在提升样板店能力后尽快增加店面数量，不管是通过直营、加盟还是授权。拥有多家店面后，接下来就要开始积累会员，也就是完成第四步，通过线下门店数的增加，继续扩大会员覆盖面积，同时在现有门店持续积累会员数量。通过这样的双向努力，持续增加店面及会员数据，按照计划不断积累，最终会走到理想中的“A”的位置。

8.3　如何创造线上线下无接缝的体验

上文讨论的主要是从O2O的视角来看虚实融合，也就是重点在“相互导流”或“销售”。之后讨论了，在有线下门店的基础的情况下，如何利用线下资源发展线上业务，以及线上业务怎么助力线下的发展。接下来，我们主要讨论中小企业，如果只有一家门店，应该如何发展线上与线下业务，逐渐扩大规模。在这个流程中，我们主要关注的往往是如何提升销售。我们将调整视角，不强调提升销售，而是回到用户体验层面，探讨如何通过虚实融合的场景设计，为消费者创造线上线下无接缝的体验。我们还是借用麦肯锡提出的客户行为模式，对其稍微进行调整形成一个模型，并把调整后的模型称为“5+1”的体验设计模型（见图 8-4）。

这个模型为零售业企业的虚实融合体验设计提供了非常好的理论框架与行动指引。我们仍从消费者在消费全流程中体验来评估现有状况和可能提升的方面。按照这一模型，消费者产生兴趣、搜集信息之后就会比对方案，然后产生购买行为。为了更充分地体现虚实融合的环境，我们把搜集信息之后的步骤分为移动中和到达门店，再加上分享体验环节。从这些具体流程中，我们归纳出以下六个原则。

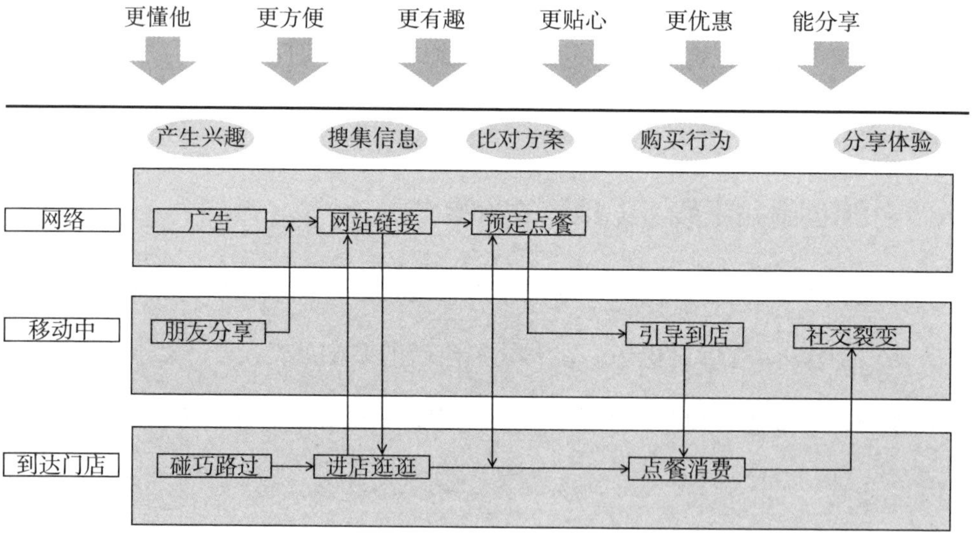

图 8-4 “5+1”的体验设计模型

更懂他：企业要站在消费者的角度来审视他们在做选择时会有哪些考虑，比如，消费者想要在周末休息时间与家人一起共进晚餐，选择餐厅的时候消费者会考虑哪些场景或菜系等。

更方便：首先企业要考虑如何让消费者与你接触的整个流程变得更方便，消费者会遇上哪些负面的障碍或是旧的习惯流程。例如，我们在就餐时预约、预先点餐、自助结账等，凡是需要让客户等待的环节，都应该得到改善。

更有趣：消费体验不能完全功能化，我们也要考虑如何把情景设计得更有趣、更好玩，比如在就餐情境设计中涉及食品溯源，讲述一些有关食品产地的故事，让消费者在进餐时更有聊天的话题。

更贴心：考虑消费者的消费过程，思考如何让他们感觉备受尊重。专属服务或到达某个会员级别发放相应的福利等能体现消费者身份的方式，可以增强消费者的认同感。

更优惠：企业还要让消费者在购物过程中不断看到优惠信息，比如在购物中心消费满一定金额可以送停车券、在平台消费后加送积分等优惠项目。

能分享：分享已经是很多人的生活方式，许多消费者分享的方式是拍照并在微信朋友圈里发布。企业设计的分享流程中不仅要包含优秀的内容，同时还要有相应的福利（利益点），让消费者轻松主动地帮企业宣传，让被分享的人与分享的人不仅可以增强互动，也可以得到相应的优惠券。在此过程中，企业还可以获得免费宣传以及新的潜在客户。

当然，这个场景设计可能不是所有行业都可以完美套用的，不过它至少提供了升级的方向，但是应用这个框架时要记住两个重点：①全流程的审视；②每个流程都要关注“五个‘更’+一个‘能’”，如果在全流程中关注这六个原则是否能做得更好，场景的设计一定能不断精进。

8.4 虚实融合的组织战略

本节将把整个思维从运营流程提到组织战略的高度，因为所有创新举措最后成功的关键还是在组织层面。我们这里所说的组织是广义的组织，包含组织的战略目标是否清楚，新组织在原有组织的定位、位阶与任务，内部现有资源如何提供助力，流程与现有组织的衔接设计，如何获取人才，现有体系中相关人员如何提供协助以及对这些人的激励政策等。这里需要特别注意的是，其中人员激励包含新组织人员的激励及现有组织人员在配合时的激励。

下面我们同样用案例来说明企业推行虚实融合战略时在组织战略方面的优点与不足。

虚实融合的组织战略案例——某大型跨国连锁超市集团

集团背景：这是我个人服务过的一家来自欧洲的全球500强企业，文中以“A公司”指代，它以B2B为主要的商业模式，主要客户是星级酒店、餐厅、咖啡店、二级批发商等，A公司在我国已发展十几年。为了配合互联网的发展趋势，集团总部挑选了包括我国在内的三个国家或地区作为电商的试点。原有的线下团队对于开展电商业务完全没有概念，所以他们索性从外部引进了整个电商团队，打算成立一家电商公司。按照最初的规划，这些电商业务直属于A公司总部电商发展委员会。筹备过程中碰到总部组织大调整，于是各个国家或地区的电商团队还是以事业部的形式附属于其本国或本地区分公司。图8-5是A公司在我国的组织结构。

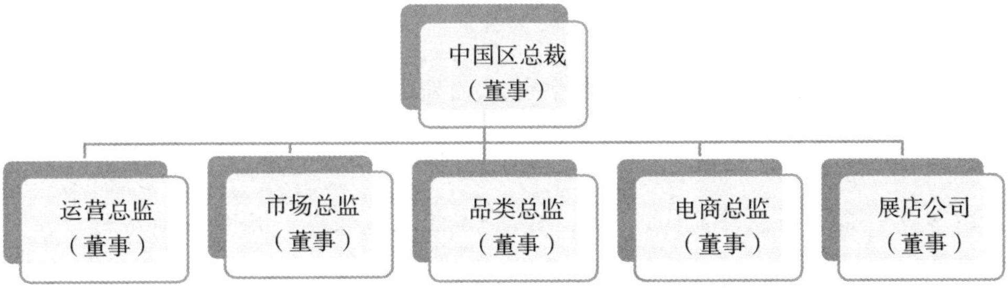

图8-5　A公司在中国的组织结构

这是一个标准的大型商超组织结构，因为欧洲企业与我国企业的管理制度不同，所以A公司的业务发展采取的是合议制的管理方式，中国区几个主要的一线主管都被称为董事，在一定范围内有独立决策权，总裁一般不会插手一线主管在自己领域的事务。电商业务启动时，领导层并不是一团和气的，记得当时几位董事一起讨论，有一位负责运营的董事表态，他无权阻止总部开展电商业务，可是他从来都不认为公司应该发展电商，如果电商板块真的发展起来，就不需要线下传统门店了。另外，我们与采购部门的几位主管面谈时，他们笑称，电商业务与自己无关，为何要替电商平台找产品。可以想象开展电商业务时，组织配合有多么艰难。

关于业务模式构想，电商团队的业务专家在进入A公司后，重新评估了A公司推展to B电商的可行性。实地访谈后他们发现，这些餐厅、酒店客户的采购人员并不习惯于上网订购，反而更习惯于打电话，再由大客户经理负责接单。因此当时电商团队就把目标客户调整为to C方向，为了配合这个to C的策略，团队在商品上也做了调整，改为生产小包装商品，并从原来线下门店的3万多种SKU中挑选4000多种适合to C的商品。在物流方面，因为业务性质不同，集团原有的物流仓库采用不落地的越库（cross docking）模式，即总仓没有库存；每天由总部采购人员汇总各地的商品需求量，向供应商下订单，供应商交货给总仓，再由总仓分拆商品并运送给各地门店仓库。因此，电商部门决定在初期采取独立建仓的形式，未来再考虑利用各地门店的库存发货实现物流上的同城配送。这样与其他竞争对手相比，其物流成本才能具备优势。此外，线上平台选择与线下门店同名，以此进行品牌经营。按照这个逻辑，电商部门对于中国总部的采购部门来说只是一个门店代号，因此就可以用很轻巧的模式解决商品供应链的问题。

初期增长快速：电商业务开展初期，电商部门以乳制品与酒类商品为主打商品，平台上线后几个月，就创造了每天百万元以上的业绩。这主要是因为A

公司的进口牛奶成本极低、商品的质量和品控都很好，利润也相对不错，和其他网站相比，竞争力也很强。电商平台经营的第 6 到第 9 个月，每个月销售额都以 2 倍以上速度增长。中国区的管理团队也非常看好它的发展。同时，因为 A 公司的部分商品具有极强的竞争力，所以很快就与大型互联网平台达成战略协议。该平台为 A 公司成立了一个位阶与其自营超市平行的专区，部分城市的线上超市入口由 A 公司的电商部门负责经营。在短短的几个月内，专区每日订单就达到数万份。电商平台的业绩已迅速超过线下 6 家新门店的总和。

从集团角度来看，开发电商平台的投资并不多，但其对中国地区的业绩增长是很有帮助的。

出现的问题：就在众人对电商平台一片看好的状况下，电商部门发现他们负责运营的平台板块在北京地区的销售额持续扩大，可大量订单都是从上海发货，长途运费成本极高。于是希望启动业务规划的第二阶段，通过北京线下门店直接发货，这时候问题就出现了。

第一个问题是库存不准确。因为门店的库存属于移动型库存，并且一般传统超市的销售与库存数据并非实时数据，所以电商的大量订单中会有部分商品严重缺货。

第二个问题是 SKU 颗粒不够精细。线下销售场景是商品在卖场陈列，用户可以在现场直观选择自己喜欢的商品，线下商品的颗粒度相对简略，例如一种袜子有蓝色、白色、黑色，在线下用同一个 SKU 编号。可是在线上平台，销售情境是消费者在下单前，需要选择颜色、型号，尺码，这时候就和库存数据对不上了。比如，有时消费者选择了一双白色的袜子，订单被分派到门店发货时才发现，白色的袜子早就没货了，因此每天都有许多订单存在商品不符的问题。于是电商部门几乎每天都有几个卡车的商品在各个门店之间紧急调拨，这还造成了发货时效低的问题。后来接近春节，商场客流量暴增，库存消耗速度加快，这时门店完全无法满足线上线下的需求，线上订单积压导致了更严重的客户投诉。A 公司高层担心这种状况将对企业形象造成损坏，决定停止与互联网平台的合作。但是春节前为了满足平台的流量，电商部门提前准备大量库存，一旦停止合作，订单数会立即锐减，就会出现大量库存积压情况。许多鲜食类的商品来不及抛售，只好报废。几经研究，A 公司高层决定暂缓电商业务，等到这些问题被彻底解决后再加速电商业务的发展。

经过几个月，中国区的董事考虑到电商暂时不赚钱，决定缩减规模。电商部门的组织层级也由公司层级降为部门层级，团队成员因信心受挫而纷纷离去，项目彻底缩水。我当时曾经问中国区 CEO，为什么不能接受电商部门调整物流系统所需的时间，即使投资一个线下门店，也要花很多资金，并且至少要三四年才能达成损益平衡。而在短短一年内电商销售量已经达到 6 家大型线下门店的水平，并且也仅投资 100 多万美元，只是投资一个线下卖场的资金的零头而已。CEO 的回答让我非常惊讶，他说自己不懂电商模式，就算中国区电商部门的销售业绩再好，也只占中国区整体销售的百分之十几，可是只要亏损，就会加重中国区损益的负担。更重要的是，他很确定自己在中国区的任期不会超过三年，在这期间努力播种并承担亏损的是他自己，而几年以后电商转亏为盈，收割成果的是别人，为什么要这么做呢?

再后来因为市场发展实体业务受到严重的冲击，A 公司不断变卖各地卖场的固定资产以挽救日益恶化的财务报表，但最后还是难以应对市场格局的变化，以相对较低的估值把整个中国区的业务卖给了国内的企业 。真的变成了“前人不种树，后人只好晒太阳了”。

电商或是 O2O 这种新业态要想在大型传统组织内孵化，周边环境与组织的机制是极为关键和重要的。

从上文的案例来看，虚实融合的组织战略没有固定的成功组织形态，企业是否真的要做到线上与线下完全一致（尤其是在商品品质与价格方面），人力组织是否要与原有业务的精英团队同步，新旧组织到底要在多大程度上紧密搭配，这些都是要郑重考量的。当然这都取决于策略目标，一旦策略目标定下来，组织、资源、流程、人才、激励等各个方面也都需要进行相应的精确组合。

从最高层到执行层一定要对企业到底想要做什么有清楚的目标共识，是希望发展出另一个“商业旗舰航母”，还是开发“现有体系 + 互联网”的业务拓展。这两个目标截然不同。如果目标是前者，那么首先要考虑组织、资源、流程、人才、激励等因素的独立性（A 公司之所以失败就是因为与其依附的原体系产生资源冲突时被放弃了)。其次要考虑原有组织团队人员的思维方式和技能，以及他们对于新业务的看法是不是与高层一致。重新打造一个线上体系或O2O体系等于重走创业的过程。最后是原有团队经历数十年的努力才把线下业务做到行业领先地位，累积了丰富的线下经营资源和人际关系，现在要他们做一个线上平台，等于让其放弃现有的舒适度较高的工作，从零开始投身于一个自己不熟悉领域，这需要较强的奋斗精神和毅力。学习是一个循序渐进的过程，不是立竿见影的。如果企业开发线上平台的战略目标是后者，那么应该让线上团队留在体系内。考虑事情时应以内部优先，即把企业的线上平台当成内部的营销部门，短期内以成本中心或创业项目的角度进行考核，而不是既要求这个部门做好内部支持，又要它立即赚钱。

我们总结了拥有不同战略目标的企业的线上平台在组织、资源、流程、人才、激励等方面的考虑(见表8-1)。

表8-1 不同战略目标下的策略

策略目标	新的“航母舰队”	现有体系+互联网
组织	独立的新公司	留在原组织内部
资源	保持独立性，考虑哪些现有资源可以用，怎样取得，谁可以协助协调，有哪些限制	完全利用现有资源，因互联网化的新需求另外引进资源
流程	拥有独立的流程与系统，部分借用现有系统，如果需要修改流程，应该放弃	应该按虚实结合体验修改现有业务流程
人才	独立招聘，加上一些内部调动，并强调做好了仍有机会回任升职，做不好也不用回去	引进外部互联网人才
激励	新体系要有独立的激励体系，但是也要考虑如何激励原有体系，让他们愿意支持	在薪酬体系上可以给予一些符合互联网行业的政策

如果企业既要做新的“航母”，又要这艘新“航母”支持原体系内部的工作，就应该依照社会化的商业机制确定合作关系，建立一套损益机制。如果企业需要花很多时间支持原体系内部的工作，那么应按市场价格提供相应的服务，同一集团下的兄弟单位服务的价格当然也应该相对合理。同时，在启动初期的一定时间内，企业对新公司（新的业务体系）也需要予以基础的经营资本的支持，否则初创公司也不可能拥有同行业的竞争能力或获得资本支持。

第 9 章
智慧零售业企业的生态圈战略

本书的最后一章将讨论企业的生态圈战略。这个议题通常不会被列入智慧零售的范畴。特别将这个议题放到这里的主要原因在于，要从企业长期经营的角度出发为会员设计消费场景，以科技赋能，创造最佳体验。在企业构建的生态圈内，企业要让会员享受更丰富的消费场景，企业也可以得到更多跨行业的客户来源，推动拉新获客，同时拥有更完整的客户数据。生态圈的概念可以指导企业向外延伸，协同外界力量一起满足会员全维度的需求，从而更完整地经营会员生命周期。同时，也不是所有业态或事情都需要由企业自己做、自己投资，生态圈模式可以让企业保持更好的战略弹性。

下面将从介绍生态圈理论开始，叙述理论上我们是如何从生物学上的生态圈中观察到，物种间除了竞争关系，还存在相互依存、保持平衡、互利共生的关系的；接着用案例说明在生态圈与传统思维下构建的企业产生的绩效和结果有何不同；再介绍生态圈设计的理论模型以及生态圈发展的模型，并且从案例中找更多应用价值和相关方法。

9.1 企业生态圈战略

生态圈这个名词源于生物学。在介绍企业生态圈战略之前，请先回想一下什么是生态圈。生态圈可以是很微小的物种组合，小到一池水，大到整个地球，都可以从生态圈的视角来解释。从生物学角度来看，一个典型的生态圈周围有大环境，包括太阳、空气，还有一池水。这个“水”就是生态圈的载体，水里面有各种生物，有大鱼、小鱼、浮游生物、水草，水上面还有昆虫。这些生物组合起来就构成一个典型的生态系统。那么这些物种之间到底是什么关系，为什么能共同建设一个自然、和谐、持续增长的生态圈？如果我们希望这个生态圈有价值，想要有更多的大鱼，那么我们只在湖水里尽量多养一些大鱼的鱼苗就可以实现我们想法吗？不一定。因为大鱼多了就要吃更多水草，或者要吃其他小生物。如果大鱼的数量达到某一程度，水草、小鱼、浮游生物都吃得差不多了，没有食物了，那么这一大群大鱼怎么生存？也许有人会说，我放一大堆鱼饲料来喂养就好了。那么这时就需要大量投资，否则一旦停止喂养，这些鱼就会因为缺少食物而死去。大鱼太多还会制造过多的排泄物，造成生态污染，这又会造成这些鱼的死亡。水族箱就是个典型例子，你需要不断投入饲料，不断清洁，还要不断进行氧气循环，否则你养的鱼就会死。你得费尽心思才能让这些鱼活下来。那么大自然里的鱼是怎么活下来的呢？自然生态圈因为有小鱼和虾米，所以大鱼的排泄物自然有这些“清洁工”处理。因为有水草的光合作用，所以这些大鱼和小鱼才有氧气。因为有小鱼和虾米，所以大鱼才有食物。这些物种都是基于这一池水而生，基于水外围的空气、阳光获得基本能量。自然生态圈就是一个有机体，它充满生命的活力，能够自然生长、自然繁荣、自给自足，不需要外力在旁边加饲料、做清洁、打氧气。这种生态圈环境会自然维持池水的清澈，保持物种的健康、平衡。

9.1.1　企业生态圈战略的源起

企业战略在商学院课程系统中是很重要的。20 世纪 70 年代到 80 年代的学者们认为，企业战略需要精密规划，它不仅决定企业发展方向，还需要配合资源的分配调控，最后进行执行与反馈调整。20 世纪 90 年代开始，学者们调整思维，认为恰当的资源积累就是好的战略。后来，学者们又认为回归企业的本质，关注企业核心能力，强调企业聚焦、管理资源的能力才是好的战略。这些理论的假设都在以企业本身为边界（boundary）谈核心能力、资源并购，都是将资源纳入自己的企业。在过去相对稳定的大环境中，这些耗费资源的战略，确实可以构建企业在行业中的竞争壁垒、阻击对手、形成优势。但是从 20 世纪末开始，互联网发展与大环境变化的速度越来越快，企业好不容易并购的资源，常常没几年就无用武之地了。新产品、新市场不断变化，也导致过去那些拥有庞大资源的企业顿觉缺乏弹性。传统大型零售行业无法再维持往日的优势，都会一下子动弹不得。学术界开始反思，过去的战略思维是不是已不再适用，这些理论是不是无法在这种快速变更、迭代的新环境里对企业起到方向指导的作用。

1993 年，哈佛大学教授詹姆斯·穆尔（James Moore）在《哈佛商业评论》上发表了《捕食性动物与猎物：一种新的竞争生态》（*Predators and Prey*：*A New Ecology of Competition*）一文，提出了企业生态圈的概念。在这个概念中捕食性动物（predator）就像是草原掠食者，猎物（prey）就像是那些草食动物。过去人们认为，草食动物就是掠食者的食物，他们的关系是你死我活的。詹姆斯·穆尔教授提出，从生态圈视角来看这些动物之间的关系以及这些动物与周围环境的关系时，如果你觉得草原掠食者是残忍的物种，那么把这些草原掠食者都杀掉，可不可以呢？这个时候草食动物会大量繁殖。一旦草食动物大量繁殖，地面的各种植被覆盖就会减少，土壤就会变差甚至沙化。这时整个生态就会恶化，草食动物也会灭绝。如果你将大量草食动物扑杀，掠食者没食物，也会死亡。这时草原也不会变得生机盎然。詹姆斯·穆尔教授用这个生物生态链来解释企业之间的关系，企业之间是既有竞争又有合作的关系。制造商与材料供应商之间不应该只是花尽心思进行博弈，为自身在短期内取得最大利益，而要考虑如何产生协同效应，共建繁荣。他还更进一步提出了生态圈的建立、成长、壮大、成熟、再更新，以及企业在每个阶段应该做的事，对此我们会在下文中进一步说明。

9.1.2　生态圈是智慧零售战略的重要布局

我们这本书是在讲智慧零售，为什么把企业生态圈战略也作为智慧零售的一个重要元素呢？从生态圈的宏观视角来看，智慧零售面对的环境也正是企业生态圈战略所处的动态、多变的环境。从生态圈的微观视角来看，企业在完成前面的会员数据积累以及智能化后，已经有了更强的构建生态圈能力。结合宏微观的视角，这时把外界的资源融入企业生态圈有四个目的。

一是更好地满足生态圈内的会员消费者。生态圈战略可以帮助企业聚集其自身不具备的资源，例如其他的消费业态或服务能力。企业可以通过生态圈快速具备这些跨业能力，同时也能够让会员的消费仍然保留在生态圈内。

二是获得更完整的会员信息。这种因扩大消费场景范围而产生的数据是企业原来看不到的，如果能留住客户，让他们在生态圈内进行场景消费，那么虽然有些消费不是在本企业内进行的，但是消费数据仍然可以被企业获取，企业对于会员的观察视角更广了。例如，企业原来是做超市的，它不了解用户在哪吃晚餐，那么就可以通过把餐饮行业纳入生态圈，将消费者吃晚餐的信息也纳入系统，生态圈内的会员数据也就被完善了。

三是跨行业拉新。生态圈的原生企业有自己的会员，加盟到生态圈中的商户也会有自己的会员，双方可以进行数据交换。如果这两个企业融入同一个生态圈，共享会员资源，对任何一方的拉新都有显著效果。

四是保持企业的战略弹性。一旦市场变化，企业可以随时弹性调整生态圈内的组成物种，不至于持续持有一些失去竞争力的公司、设备或人力。因此，生态圈战略也是一种借力打力、四两拨千斤的战略。最近几年非常流行的平台经济，其实也源于这种弹性战略的思路。不过，平台经济主要涉及将供应链弯曲，也就是让买卖双方直接对接匹配。它的思路是让特定产品或服务的供需、匹配更有效率，而生态圈战略则是一个更大型的平台，它涉及多个跨行业企业的共生。平台强调的是买卖关系的匹配，生态圈强调的是多种需求的满足、多物种的平衡。生态圈还涉及黏着剂的概念，就是如何吸引不同企业结合在一起、互相帮助，共同把一群客户服务得更好。而平台经济则还做不到这一点。所以，生态圈战略可以说是智慧零售整体战略的再提高。

9.1.3　生态圈为什么重要——企业是“车拉万马”还是“万马拉车”

生态圈战略有一个非常核心的利益需要重点介绍。生态圈是结合众人力量的商业模式，它并不强调企业自身必须有多强、多万能，因为生态圈战略本身就不建议企业做所有事情。就像在非洲草原上，你不需要既扮演狮子，又扮演羚羊。企业资源是有限的，所以企业发展的重点应该是自己有一项很强的能力或在某行业里把一个业态做到极致，而在其他领域或业态里，你需要找到那些比你做得更好的企业，然后设计一个机制，让这些企业愿意和你一起服务一个更大的目标市场。这种策略要建成的是“万马拉车”的企业（即企业生态圈战略）。只要你有建立群体共识的方法，这一万匹马自然会为你所用，替你拉着车往前跑。相对于“车拉万马”这种传统思路，如果企业之间都是敌对的心态，企业要花很大力量拉动这些被动的马匹，会被拖累个半死。所以我们一定要想清楚，自己到底要采用“车拉万马”的商业模式，还是“万马拉车”的商业模式。

9.2　企业如何构建生态圈战略

前文介绍了企业生态圈战略的源起并详细说明了企业生态圈战略，而这些都是在听别人的故事，可是当我们面对自己的企业或行业时，应该如何思考、设计自己生态圈体系呢？本节将介绍两种不同的理论模型，如果各位正在考虑如何规划企业生态圈，可以参考这两个模型中的思路。

9.2.1　大卫—马尔科（David-Marco）模型

这个模型实际上并没有专有名词，由哈佛商学院的大卫·沙诺夫（David Sarnoff）、马尔科·扬西蒂（Marco Iansiti）和罗伊·莱维恩（Roy Levien）三位教授提出。我们暂时用前面两位教授的名字来表示，称其为大卫—马尔科模型。该模型生态圈内的企业有三种类型，第一种是骨干型企业，第二种是主宰型企业，第三种是狭缝型企业。这三种企业的定义、扮演的角色分别如下。

骨干型企业：在生态系统中处于中枢地位，为系统中的其他成员企业提供共享的多种平台的服务，也就是说，它给大家提供可以使用的资源，是一个平台服务公司。

主宰型企业：在生态系统中处于关键的地位，不论是否控制系统中的资产，它都是试图最大限度获取生态圈内价值的企业。主宰型企业又被分为实物主宰型企业和价值主宰型企业。实物主宰型企业是销售商品最多的企业，价值主宰型企业是获取最高收益的企业。主宰型企业可以被看作生态系统中的收割机，主要功能是通过生态系统的闭环，实现对生态系统巨大流量的商业变现。

它通常就是提供核心服务或产品的企业，当然，随着生态圈迭代或扩大，生态圈内可能会浮现其他的主宰型企业，不过原来的企业至少是最初始的产品或服务的提供者。

狭缝型企业：在生态系统中是边缘者，通常数量较多，而且分散在各个业态中。它在生态圈内提供主宰型企业没覆盖到的衍生产业。一般来说，它提供的是一些周边服务，类似于生物生态圈中的浮游生物，也可以将它比作生物生态圈中的小鱼、虾米。一般来说，狭缝型企业并不一定能长期在特定的狭隘市场中生存，其厂家数量多，可取代性也比较高。

用大卫—马尔科模型解释阿里巴巴集团

想判断一个理论模型好坏，要看它对现实世界现象的解释能力强不强，或者它所能产生的价值贡献有多少，我们试着用大卫—马尔科模型解释阿里巴巴集团的生态圈。

第一，骨干型企业就是阿里巴巴集团的上市公司，它本身就提供了一个平台，让不同的企业在平台上扮演不同角色。

第二，主宰型企业是淘宝、支付宝、菜鸟物流等公司。把它们认定为主宰型企业是因为它们分别提供了交易、支付、物流等核心服务，这些都是在阿里巴巴平台上做生意必须具备的服务，因此它们也是整个生态系统中最大的获利者。

第三，狭缝型企业就是成千上万的小商户。他们的个别销售在整个平台中的占比微不足道，而且很容易被其他竞争者取代。狭缝型企业还包含平台上提供附加价值的软件厂商以及一些小型物流公司。根据上面的说明，大卫—马尔科模型是可以解释阿里生态圈当中个别企业的定位及其相互间的关系的。

9.2.2 核心—赋能模型

我们再介绍另外一个模型：核心—赋能模型。这是我们在实践领域不断思考、验证、调整，最后生成的理论框架，该假说经过反复验证。理论只有在不被证伪的情形下，才能形成理论模型。如果我们的理论从发表以后，一直未被证伪，我们就姑且把自己整理出来的看法，视为暂时未被证伪的假说吧。该模型在观察生态圈内企业之间的关系模式时，更能根据它们之间的互利关系来界定角色。我们引用自然生态圈的思维，也就是说，谁是阳光，谁是空气，谁是水，谁是浮游生物、谁是大鱼，谁是小鱼。大鱼肯定是这个生态圈系统中消费者的主要目标，也就是提供主要商品或服务的企业。小鱼应该是那些提供补充性商品与服务的企业。浮游生物也是同样道理，只是规模更小。观察一个企业生态圈，就是找出谁扮演了生态圈里的什么角色，当然更重要的是物种之间的共生关系是什么。

核心—赋能模型要解决的第一个关键问题是生态圈的存在意义，即所有参与生态圈的企业到底为谁服务。在智慧零售环境中，最应该被关注的就是消费者，更准确地说，就是会员的需求是什么。这个思路跟大卫—马尔科模型有一个基本的差异。大卫—马尔科模型只提到企业，没提到这些企业的目标群体。而商业经营一定离不开消费者，所以我们认为一定要从会员的角度来思考，这样就很容易找到这个企业生态系统最关键、最主要的商品或服务。虽然这个主要商品与服务是阶段性的，会随着时间逐步转变。但是，这是直接提供给会员的关键商品与服务，这一企业是满足会员基本需求或初始需求的企业，我们称之为关键企业。接下来我们要考虑，在生态圈内还有哪些产品和服务，使消费者可以得到满足。将这些产品或服务提供给消费者的企业，就是周边企业，也就是生态圈里面的小鱼、小虾米。最后，这个生态圈的阳光、空气、水、水草是向大鱼、小鱼赋能的，我们称之为赋能企业，这样整个关系链的结构就清楚了（见图 9-1）。

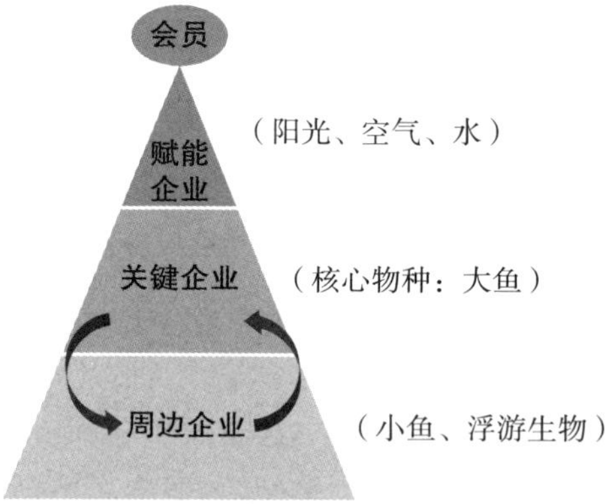

图 9-1　核心 – 赋能模型

核心—赋能模型更强调谁是核心、谁是赋能者。这个思路可以让生态圈内企业的角色定位更加清楚，也让规划者关注关键的商品服务以及整个生态圈赋能的动力在哪里，应该如何发展这些能力，从而为生态圈建立更坚实的基础。一个自然生态圈必定会有一个基本使命来满足目标群体的主要需求，这就是核心。另外，一个自然生态圈里绝对不能没有阳光、空气、水、浮游生物等，这些东西看似无形，却是所有物种（无论大鱼还是小鱼）的必需品。我们将这个模型命名为“核心—赋能模型”，就是要让规划者关注这两件事。

我们现在就利用核心—赋能模型来解释一个大型连锁购物中心集团基于会员日常生活消费构筑的零售生态圈。

谁是核心？在整个新零售的概念下，消费者一定是核心。在新零售模型中，我们应该更明确地定义这一点，企业核心关注的就是会员——有数据的消费者。因为关注的是生活生态圈，所以我们需要关注会员日常生活中的各种场景。

谁是关键企业？想定位关键企业，就要找出那些会员生活中的刚需、高频的商品或服务。通常是生活超市、便利店，也有可能是交通运输企业。谁是关键企业取决于规划者与谁最接近，能够找到谁作为首先向会员提供商品与服务。本案例中，商场内的商户就是关键企业。

谁是周边企业？生活中的周边就是那些会员在日常生活中偶尔会消费的商品与服务，具体来说，应该就是食衣住行和娱乐等各种生活业态。

谁是赋能者？赋能者是赋能给生态圈内企业的哪些公司？在新零售环境

中，让各企业共享会员积分平台、共享智能终端研发、共享大数据平台、共享互联网交易平台、共享支付平台等的企业，都属于赋能企业。

我们也可以用一个同心圆来描述这个购物中心的生态圈模型。为了配合该集团的惯用名称，我们对生态圈内企业角色做了调整，总共有四个圈，分别代表核心—赋能模型里的四个角色。会员处于核心圈；核心圈外的第一层被称为赋能圈，由为其他商户提供赋能服务的企业构成；核心圈外的第二层被称为内生态圈，就是该集团原有的主要的业态，属于购物中心。购物中心内的商户是他们一开始最主要的提供会员服务的企业；最外层的一圈被称为外生态圈，就是购物中心的周边企业（见图 9-2）。

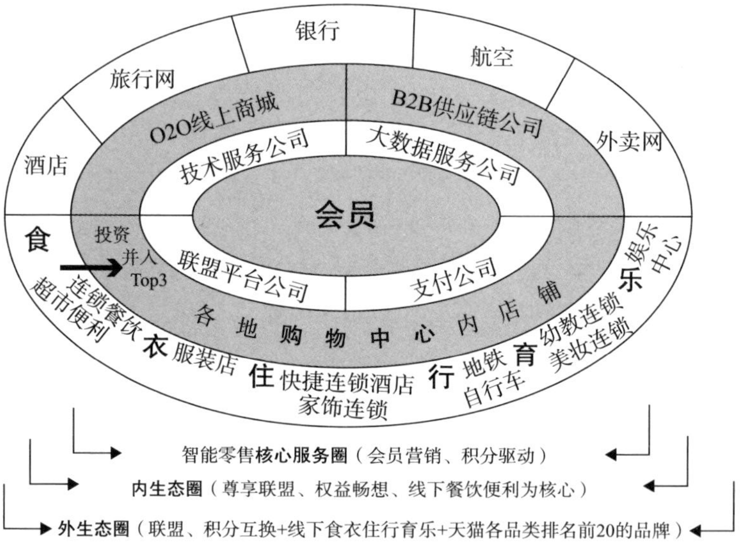

图 9-2　大型购物中心生态圈模型

用核心—赋能模型来解释小米生态圈

我们用核心—赋能模型来解释另一个现实世界的企业生态圈，试试这个模型对小米的解释能力如何（见图 9-3）。

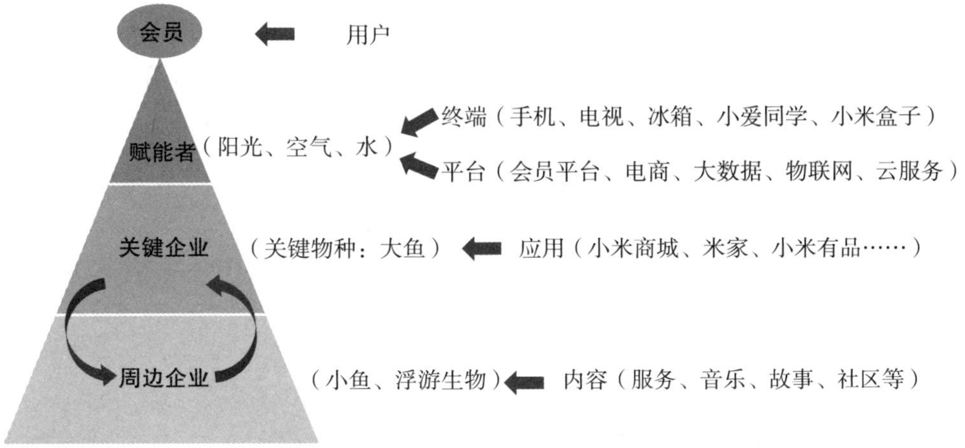

图 9-3　用核心 – 赋能模型解释小米生态圈

通常零售业企业的经营核心就是会员（用户）。企业首先要清楚最开始会员要的是什么商品与服务，这些商品与服务的提供者就是关键企业。小米的会员要的是手机、小爱同学等商品，而将其提供给消费者的就是关键企业。那么，这里的关键企业应该就是“应用”平台，包含小米商城、米家、小米有品等。

在应用平台上无法充分满足的需求就是服务、音乐、故事、社区等内容。这些内容的提供方在初期可能是关键企业，可是当企业发展到一定阶段，企业在规模不断扩大时，就需要相应的公司一同提供更多的实体商品、音乐、影片等内容，做大这个生态圈。这些公司就成了周边企业。

至于谁是阳光、空气、水、水草等提供动力给关键企业（大鱼）与周边企业（小鱼、虾米）的赋能企业，是那些产生流量以及提供数据、带宽、云端存储服务的企业。这些企业就是赋能者，包括终端与平台，生态圈是否能够健全发展，要看赋能者是否能够提供足够的养分，让大鱼、小鱼都能更强健。

经过这样解释，大家就更能理解大卫—马尔科模型与核心—赋能模型在处理关键问题上的不同及价值了。

9.3 深度解析生态圈战略的核心

上文阐述了生态圈战略的意义以及发展生态圈的模型框架，本节我们将深入说明目前企业主要的三种商业模式类型（产品型企业、平台型企业、生态型企业）在核心的经营策略（发展策略、产品策略、市场策略）、供应链策略以及价值评估方法上的不同。这样做的主要目的是让企业家们在规划生态圈时关注对的事情，做好该做的事情。互联网的发展对企业商业模式产生了根本而重大的影响。以目前的环境来看，企业按商业模式主要可被分为三种类型：产品型企业、平台型企业、生态型企业。

9.3.1　三种企业的定位的不同

产品型企业的数量应该是最多的。每个行业中都有各种不同的产品型企业，其专业性强，追求产品技术的极致，并且力求在各自的商品功能特性上超越竞争对手，或者在特定目标群体中提供差异化价值，以此得到目标群体的认同并被持续使用。

平台型的企业就是推动买卖双方达成合作的企业。过去的市场结构被看作一条线，线的一端（左边）是卖方，线的另一端（右边）是买方。平台型企业通常自己没有产品，可是它是能够让买卖双方直接发生交互与交易的地方。平台型企业聚焦特定产业或局部产业，匹配供需双方。平台型企业的一端通常是产品型企业，另一端则是消费者或买家。为了让消费者有更多的选择，平台型企业通常会适度地召集产品型企业加入，为消费者带来产品，同时也为企业带来客户，根据知名学者陈威如教授的说法，平台型企业最大的特色是将原来呈线性的价值链折弯了。因为没有了中间商拿走部分利润，所以产品市场价格更直接贴近生产者愿意销售的价格。

有一种说法是，撮合买卖双方的叫平台，撮合多方的叫生态圈。很多人认为生态型企业基于某一行业或某一群体的目标客户，可能有自己的产品，以此更好地满足用户，逐步融入跨行业的企业，使生态圈的弹性更大。虽然我们只是部分同意这种“多方的撮合叫生态圈”说法，但是这个定义却给生态圈与平台在数量的关系做出了很好的诠释。从这个观点来解释，生态圈企业是一种撮合“多个双方”的平台，它不仅撮合终端客户与商品或服务的提供商，更要结合其他赋能企业，为这些商品或服务提供商赋能，让他们与客户的交易更容易产生。

9.3.2 三种企业的发展策略的不同

三种企业的定位不同，提供给客户的价值不同，所以发展策略也不同。

产品型企业通常面对着充满竞争者的市场。这个市场的最大份额一般被市场统治者占领，但是这些市场统治者可能会忽略某些狭缝市场。产品型企业会努力挖掘狭缝市场作为自身成长的领域。这种狭缝市场，可以基于满足独特功能需求或地区需求切入，也可以基于满足产品功能的细分功能切入。例如，华为手机掌握了很大的市场，可是还是有 vivo 与 OPPO 从照相的角度切入市场，也有一些手机从私密保护角度切入市场。又如，在过去手机品牌以摩托罗拉和诺基亚为主的时代，摩托罗拉手机因为其翻盖的设计，更受当时职业经理人的欢迎。在这样的情况下，诺基亚开发了一套配备莱卡镜头的手机，其摄像功能直追单反，迅速把女性市场抢了过来。另外，也有从地理区域上做区分的策略，例如中国的笔记本电脑与手机厂家面对国内市场被一些国外大厂占据的情况，选择走向其他国家的市场，成为当地的霸主。

平台型企业的主要目的是撮合买卖双方。为了让买方有更多选择，平台型企业一般不会自己去做产品，因为这将使平台失去公正性，同时也打击了其他卖方与平台合作的意愿。但是平台型企业必须努力开发新的卖方产品，因为有更多的卖家才能吸引更多的买家。平台还要致力于扩大流量，扩大流量就能增加购买机会，又可以吸引更多卖家。这样才能形成买卖双方在数量上的正向循环。平台发展策略的核心是关注如何处理对谁补贴、对谁收费的优先次序，例如共享出行平台既需要车主加入成为司机，也需要乘客愿意来坐车。有更多的人来坐车，车主生意就更好，也就会有更多车主再加入，乘客打车就更方便，体验更好，客户就会更多，形成正向循环。但是平台到底应该补贴谁、又应该向谁收费？现有的很多打车平台都决定补贴用户，向司机收费，通过发放 5 元优惠券，产生 20 元的流水。司机生意好了，即使要付佣金他们也愿意来平台做生意，这时就形成了一个正向循环。

生态型企业主要关注生态圈的服务范围与价值。生态圈不会迅速发展得枝叶繁茂，生态圈发展第一阶段的核心发展策略是清楚核心用户是谁，第一批刚需、高频的商品或服务是什么，如何让第一批关键厂商进入，如何从增加来客数、大数据赋能分析等方向深入经营。生态圈发展进入第二阶段后，则应关注如何扩大增值服务，而这时商品或服务的增加一般都是跨界的，会让生态圈能提供更多服务，有更强的用户黏度，最终形成枝叶繁茂的大型生态圈。

9.3.3　三种企业的不同产品策略

产品型企业追求的是产品功能的独特性，其策略是找出市场竞争对手的狭缝，与对手之间形成差异。

平台型企业强调的是撮合买卖双方，其自身不会有、也不该有产品，否则反而让其他产品提供者有了“球员兼任裁判”的顾虑。买方会认为，平台一旦有了自己的产品，就不再是公平的第三方，这也会引起消费者的质疑，因此平台型公司不应该短视地做自己的产品销售。平台型企业一般谈到“产品”时是指其平台功能，平台型企业会将自己的精力较多地投入平台功能的建设及优化，其不仅让消费者的用户体验不断地提升，同时也会为合作商家提供更完善的营销和分析工具，以协助商家更有效地完成销售。

通常生态型企业自身就是最初的商品或服务的提供者。它们的产品策略在企业发展初期与产品型企业相似。可是当发展到某个阶段，自身的产品或服务已经被生态圈用户接受，就要扩大产品或服务的内容，此时它们摇身一变成为平台型企业，只是最初始的产品或服务仍在，而且要继续精益求精，吸引更多的客户。它们在其他品类的商品领域中，通常应只懂得这些产品，不要自己去开发。生态型企业应该致力于生态的平衡管理，而不是自己精耕产品功能的提升。

9.3.4 三种企业的不同市场策略

产品型企业的市场策略与传统的企业做法更为相似。唯一不同的是，在互联网时代，产品型企业也需要在网络上发声。它们要设计源素材让产品给消费者更清晰的印象，在狭缝市场里建立消费者心目中独特的价值。

平台型企业的市场策略分为两个阶段。在第一个阶段，它必须投入资源推广平台，让买卖双方知道平台的存在。与此同时，它可能要更倾向推广卖方，因此可能会对买方进行补贴。当发展到某一程度后进入第二个阶段，这时企业开始着手会员裂变并开发新的卖方产品，毕竟产品选择性高，就是平台最好的广告。就如同一些打车平台在发展初期都会向消费者赠送优惠券，触发最早期的用户使用，进而凭借着这些订单需求争取更多的卖方（车主），然后形成正向网络效应，扩大整个平台的规模。

生态型企业的市场策略在初期与产品型企业相同，也在努力推广自己的产品，当客户数量到达一定规模且具有较强的黏度时，再增加更多的产品服务。生态型企业有一个与平台型企业不同的特色，它可以要求生态圈内的企业扮演引流的角色，因为生态圈里的每个企业都有自己的客户。这些客户的共享交流就是生态圈最大的价值，生态型企业在执行补贴策略时也比平台型企业更具弹性。因为生态圈中不同行业间的商家属于跨行业营销，所以这些企业一般都乐意承担发放优惠券的成本。

9.3.5　三种企业的不同供应链策略

产品型企业强调价值分割，它们的最终产品或许是由好多个供应商的商品组合而成的，其对消费者强调自身的产品价值。但是面对供应商时，这类企业则要把价值拆分，它们对供应商的要求是最小订购量下的最低价格。因此，除非产品型企业与供应商之间能进行良性沟通从而将角色转化为共存共荣的生态型企业，否则二者之间必然存在博弈。因为供应商是产品型企业，所以它们会在渠道策略上会制定自己的分销体系和策略，例如在产品订购方面，总代理与省代理的价格不同，省代理又与城市代理价格不同，这些价格区间大多数是产品型企业制定的。

平台型企业基本上是没有供应链的，因为平台上销售的产品都不是企业自己的，所以原材料、生产加工、物流配送都与其无关，只需要管好商品供应端的丰富性以及卖方是否按照承诺交付即可。

生态型企业在供应链上也和平台型企业相同，不需要生产自己的商品，原则上没有自己的供应链，只需要结合生态圈的发展把优质资源吸引到生态圈内，最终确保生态圈内企业的交易是符合约定的。然而有些生态型企业的状况则稍有不同，例如汽车制造商常常将他们与材料供应商的关系转化为战略合作伙伴，这样就形成了生态圈。他们会设法绑定这些材料供应商，让其只为生态圈的核心厂家服务。相应地，这些汽车制造商也给予这些材料供应商较好的条件，还会带领这些厂家在陌生市场同进同出，这时他们就是共赢的关系。

9.3.6 价值链与价值网的差异

谈到三种企业的价值链策略时，有两个很重要的名词需要被区分——价值链与价值网。过去产品型企业在生产、销售过程中，构成了一条价值链，企业价值都是在价值链上产生的。价值链关注供应、生产的环节，目的是降低产品成本、提升上下游生产环节的效率。而价值网则是基于生态的网络价值链，实现用户利益最大化，同时为生态创造更大的价值，并让价值网（包括上下游企业、周边行业等）增加更多达成连接的合作关系，实现多个经济部门、多个生态的效率最高、利润最大化。例如，在目前的短视频电商平台，用户不仅是消费者，同时也是内容和平台价值的创造者。在客服工作中，企业往往将客服和投诉看作成本，更倾向于单向的服务，殊不知其中埋藏着需求和机会。比起客户调研，投诉之外还蕴含巨大的宝藏，用户既是消费者也是生态系统参与者、（机会）贡献者。因此，生态型企业的价值链是一张多对多的网，产品之间可能存在上下游或共生的关系。消费者看到的也不仅是单一商品的价值，他们还会看到其他衍生价值。所以，生态型企业的价值链是最复杂的。

9.3.7 三种企业的评价方式不同

三种企业目前在市场上的评价也不一样，关键在于三者的数据价值和网络效应的不同。产品型企业被评估的是交易价值，平台型企业追求的是网络效应，而生态型企业则追求生态圈的数据价值与综合能力价值或平均收入值。一般认为产品型企业的价值如果是 1，平台型企业则可能是 10，而生态型企业就有可能是 100。

9.4 生态圈的发展阶段与治理

本章的最后一节来谈谈应该怎么逐步发展生态圈，在每一个阶段应该关注哪些核心问题，使企业生态圈从小规模开始健康成长、逐步壮大。

9.4.1 生态圈发展及各阶段核心工作

詹姆斯·穆尔教授将生态圈发展分为四个阶段，每个阶段又被区分为从合作角度出发该做什么，以及从竞争角度出发该注意什么。下面我们将进一步阐述生态系统各个阶段发展的要点（见表 9-1）。

表 9-1 生态圈阶段发展的要点

阶段	合作的挑战	竞争的挑战
诞生	与客户、供应商共同研究并制定新的价值方案	保密，避免可能的对手定义出相类似的方案，绑定资源、客户和渠道
扩张	与供应商和合作伙伴紧密联结，将新的解决方案带到更宽广的市场，追求供应商的覆盖能力达到最大市场覆盖	打败其他方案；设法让企业的方案成为行业标准，主宰关键市场区隔
领导	提出远景规划，鼓励供应商与客户一起持续改善、升级，追求更好的解决方案	保持生态系统内对供应商和关键客户的话语权优势
再更新	寻找新的合作伙伴或新的客户群体	构建更高的行业准入壁垒，让企业有更多的时间继续创新

第一阶段：生态圈的诞生。一个生态圈的诞生，通常是在产生一个新的思维或对未来的商业期待后，企业与客户、供应商共同研究并制定新的价值方案。在这个阶段，引入客户和第三方企业这两类群体的思维是非常重要的。首先，必须对客户进行深度访谈，挖掘需求，了解清楚痛点到底是什么。其次，生态圈要根据客户需求设计一个框架，列出所需要的资源或技术，考虑一下哪些是自己的强项，可以自己做；哪些不是自己的强项，可以由谁来做，以什么样的形式结合，是合伙还是合作。最后，生态圈需要寻找与第三方企业合作的

可能性以及合作模式。詹姆斯·穆尔教授认为，处于诞生阶段的生态圈在竞争方面最重要的事就是保密，避免可能出现的对手定义出相类似的答案。这在当今很难实现。如今出现一个平台，马上就有其他企业也快速做一个克隆平台。可见，教授的方法可能更关注竞争因素，他的案例更适用于汽车、手机或软件行业的生态圈构建。而零售业企业需要更关注如何绑定客户、渠道或其他资源，考虑切入的关键性行业的方向，尤其要关注如何绑定商户，避免他们与其他类似的生态圈合作。

第二阶段：生态圈的扩张。在合作方面，企业应该与供应商和合作伙伴紧密联结，将新的解决方案带到更宽广的市场，追求供应商的覆盖能力达到最大化。最经典的例子就是汽车行业，汽车公司设计出来一款新车，其带有特殊功能或使用了特殊材质的原材料，成功在国内市场展开业务。如果要扩展海外市场，就必须邀请零配件供应商一起扩张到海外，否则进口关税、运送时间、售后服务等问题都会使新款车在国外市场寸步难行。在竞争方面，企业需要打败其他方案，在某一个区隔市场取得绝对优势，有相应的法律、专利的保障，甚至设法让企业的方案成为行业标准，主宰关键市场区域。

第三阶段：生态圈的领导。在合作方面，生态圈企业成为领导者之后的高度是不一样的。生态圈企业需要提出远景规划，鼓励供应商与客户持续改善、升级，追求更好的解决方案。企业必须成为某个领域的龙头，因为客户或供应商都更喜欢与行业龙头站在一起。比如，虽然手机品牌很多，为什么零配件的厂商都希望成为苹果的供应商？即使苹果可能带来的利润很薄又要求严格，但厂商还是追随苹果。因为苹果是他们所属的生态体系的领导者。在竞争方面，生态圈要维持对供应商和关键客户的话语权优势，还要让对方坦诚协助，想达到这种程度，除了要以合同约定，还要看生态圈企业所占的市场份额是不是最大的。

第四阶段：生态圈的再更新。合作方面最重要的还是创新。生态圈发展到一定阶段，原来的客户可能有新的需求，供应商可能有新的技术，除了让既有合作者更新技术，更重要的是不断寻找新的合作伙伴或新的客户群体，再回到诞生阶段，持续拓展生态圈。在竞争方面，生态圈要维系市场第一的地位，这时领导者是有能力、有资源的，应该立即设法构建更高的行业准入壁垒，让企业能有更多的时间继续创新，同时也能不断优化生态圈企业的能力。

9.4.2　零售行业生态圈

零售行业在打造生态圈时，每个阶段的关键工作都与电脑、手机的生产企业或软件行业有所不同。目前，在理论方面还没有人提出针对零售行业生态圈发展的相关模型，所以我们仍以詹姆斯·穆尔教授提出的四个阶段的框架为基础，结合在零售行业发展生态圈的实际经验，归纳出以下原则，供大家参考。

零售行业与生产或软件行业有两个最大的属性差异。一是零售行业生态圈非常重视区域密度的覆盖。生态圈在发展的初始阶段，就必须考虑先在哪里落地，如何形成局部优势。这个“局部优势”不是指全国市场或省市市场，这里的局部优势常常需要从某一个街区开始。经营零售生态圈时，企业要迅速获取全市数千万人所有的消费及生活的数据是不可能的。因为零售行业有地缘性，发展局部优势甚至应该从街区开始，证实零售业企业生态圈在某个街区成功并且产生一定影响力，再逐步扩大影响力，这才是正确的方法。二是零售行业生态圈很重视跨行业的覆盖。提供服务的行业越多，生态圈的覆盖力越强，共享会员的规模也就越大。所以在诞生阶段需要先锁定一个刚需、高频的行业，而且这个合作伙伴最好已经是区域里该行业的龙头。在第二阶段则是在同一区域的跨业覆盖，我们要尽量找到一个消费者在这个区域里可能存在的生活场景，进而根据这些生活场景的需求度依次引入区域内的联盟伙伴（见表 9-2）。

表 9-2 零售行业打造生态圈的阶段关键工作

阶段	合作的挑战	竞争的挑战
诞生	寻找刚需、高频行业的区域领军者进行合作并且通过与客户深度沟通，发现该行业痛点，指定新的价值方案（如消费的新场景）	保护你的想法，避免可能的对手定义与自身类似的方案，绑定资源、客户和渠道
扩张	扩大与不同消费行业的合作，在区域市场里面进行多业态的覆盖	发动资源，坚守区域市场的绝对优势，击退任何竞争者
领导	与外界没有竞争关系的大型企业合作，造成更大的影响力，成为所在区域的霸主，进而向其他地区扩张	与其他合作商户、维护绑定关系，建立排他或专属的身份辨识，如付费联名尊享卡
再更新	引进新的技术，例如更进一步的智能化，打造新的消费场景与体验	进行关键技术绑定、构建更高的准入壁垒以及转换成本，让你有足够时间再度精进方案

我曾经协助大型零售业企业构建同城生态圈，当时在 500 米半径范围内作

一个“战区”。先以战区里的刚需、高频行业作为基础，到了发展阶段则在这些 500 米的生活圈内找到更丰富的其他消费场景。当生态圈走向领导阶段时就需要从地理区域进行扩张。这时需要在不同城市复制，并且找到那些在各地已经有网点的大型零售行业进行合作，通过原来的区域优势，让这些大型零售行业帮企业向外拓展，最后通过引进技术创新的手段再次提升用户体验，不断形成用户裂变。

9.4.3 构建生态圈的三种策略选择：专注、合伙、合作

为什么需要三种不同的策略？因为任何企业都有资源限制，不可能自己完成所有的事情。梳理清楚企业的生态圈中需要什么角色的企业或服务以后，就要开始考虑哪些是企业的专长、必须专注经营的，哪些应该通过拓展外部资源来进行补强。我们将问题所对应的策略分为三种类型。

第一种类型，专注。专注要做的事情就是生态圈的核心优势，也就是说，这件事情必须由你自己做，它是核心价值，应该由你来掌控。例如，在共享出行领域，平台产品的功能是一些打车平台应该专注的，这件事绝对不能交由别人来做，否则轻则会导致新产品开发的沟通难度加大，市场反应变慢，重则导致软件功能外泄，成就另一个竞争对手。例如，我们构建一个会员积分生态体系，核心武器就是会员系统与积分。会员系统是合作企业间产生黏着关系的关键，积分则是驱动利益的关键，作为生态圈的设计者，这些内容都需要企业自己掌握。

第二种类型，合伙。合伙就是合资。如果有一些企业认为很重要的核心商品或技术不能外流，可是自己又没有这一方向的特长或要花太长的时间去做，这时必须绑定能做这些事情的资源，那么这时就需要考虑与技术提供者合资。有了资本的绑定，大家也就是“一家人”了，这时也就不用担心技术外流了。

第三种类型，合作。除了专注以及合伙，还有一些其他部分或许仍然重要，但是不一定要绝对绑定，这时可以采取合作形式。合作也可以被区分为深度合作以及一般性合作。深度合作是指双方在契约上做一些限制。一般性合作则不涉及排他限制。有生意大家做，合理分配利益即可。

生态圈管理还有一个很重要的议题——平衡发展。以非洲草原为例，如果想要非洲草原物种丰富、生意盎然，前提就是肉食动物的数量不能过大。肉食动物过于强大就会侵犯其他草食动物的生存空间，这时生态就无法保持平衡。商业生态系统也一样，在初期为了加快成长速度，必须找到某个业态的龙头，这对于生态圈初期的增长是非常有帮助的。可是如果这个龙头持续壮大，他的话语权就会超过生态圈的主要运营者。这时生态圈的业务方向只会朝着利于这个龙头发展的方向倾斜。所有的推广的资源都给了这个龙头，那么其他合作伙伴应该如果发展？肉食动物常常对其他草食动物予取予求，这时草食动物就无法生存。生态圈中如果某种肉食动物独大，那么就无法维持健康状态！